MIGUEL NÚÑEZ

Mientras lees, comparte con otros en redes usando

#LatinoaméricaDespierta

¡Latinoamérica despierta! 95 tesis para la iglesia de hoy

Publicado por
Poiema Publicaciones
info@poiema.co
www.poiema.co

Categoría: Religión, Cristianismo, Teología reformada

ISBN: 978-1-944586-45-4
Impreso en Colombia

SDG

PRÓLOGO

En un sentido, este es un libro como cualquier otro. En otro sentido, este libro es muy diferente dada la naturaleza de las tesis. La idea no es que te leas cada una de las tesis de una sentada, sino que puedas reflexionar sobre las verdades presentadas en ellas y las implicaciones que hay detrás de cada una. Por ejemplo, sería una excelente idea si, en un grupo pequeño, dialogaras el contenido, las implicaciones y las aplicaciones de cada tesis, y así promover la reflexión colectiva. Si esto lo hicieras semanalmente, tu grupo podría estudiar cinco tesis a la vez y emplear unos seis meses de reflexión, con lo cual se profundizaría significativamente cada una de las verdades presentadas. Habiendo dicho esto, quisiera compartirte algunas ideas con el fin de motivar tu sentir y el sentir de cada hijo de Dios en esta época tan importante para nuestra región.

Cuando Martín Lutero inició el movimiento que posteriormente se llegó a conocer como la Reforma protestante, tenía un deseo genuino de rescatar el evangelio del seno de la Iglesia de Roma, en medio de la cual había quedado sepultado. Junto con esta pérdida del evangelio, la iglesia de ese entonces se caracterizó por la mucha inmoralidad que había en su liderazgo. La corrupción de la doctrina y del clero incendiaron el corazón de Lutero y de otros que vinieron antes y después de él. A partir de ese momento se levantó una iglesia conocida como Iglesia protestante, que luego pasó a ser llamada por muchos Iglesia evangélica. Desde el año 1546, cuando Roma celebró el Concilio de Trento para afirmar las enseñanzas y los dogmas de su Iglesia (dogmas que siguen hasta hoy), sus enseñanzas no han variado mucho. Lamentablemente, la iglesia evangélica ha experimentado un grado significativo de corrupción a nivel tanto de la doctrina bíblica como del carácter de muchos de sus líderes.

CONTINUACIÓN DEL PRÓLOGO

La idea de este proyecto surgió debido a una gran carga espiritual y aún emocional que experimenté al ver las condiciones en que la Iglesia ha quedado como consecuencia del desplazamiento del evangelio otra vez a un segundo plano, con todas sus implicaciones. Como dije al principio, la idea no es levantar un segundo Lutero que pueda realizar las obras hechas hace cinco siglos. Sería muy difícil, si no imposible, imaginarnos hoy una figura de tal estatura. Sin embargo, creo que otra vez se hace necesario sonar la trompeta para reclamar el evangelio como el centro de la iglesia y para proclamar la necesidad de que sus ministros luchen por tener un carácter moldeado por el evangelio que proclaman. Hoy, más que una sola voz que proclama en el desierto, contamos con múltiples hombres que han abrazado la causa de Cristo y de Su mensaje como su pasión y motor de vida. Por tanto, **es necesario que tantos predicadores como sea posible puedan pararse en la brecha debajo de la autoridad de la Palabra de Dios**, para que alimenten a las ovejas de Dios compradas a precio de sangre, y para que llamen a millones de personas cautivas de Satanás (2 Timoteo 2:25-26). **Solo el evangelio tiene el poder para romper dicha esclavitud y satisfacer el alma humana**.

Pararse en la brecha es un privilegio y es una responsabilidad. Es un privilegio no merecido y es una responsabilidad pesada. Pero no podemos pararnos en la brecha sin entender lo que implica esta tarea: sacrificios, riesgos, críticas, rechazos, experimentar celos y envidias de otros, ser mal entendidos y aún atacados. En fin, pararse en la brecha implica experimentar todo lo que los hombres de Dios han experimentado a lo largo de la historia de la iglesia. Pero cuando tenemos las garantías de que aún nuestras peores experiencias cooperarán para bien, nuestros riesgos pasan a ser oportunidades de demostrar el control de Dios sobre los reinos de los hombres.

Pararse en la brecha implica tener la confianza necesaria en Dios para creer que podemos hacer una diferencia como Moisés y Josué la hicieron en su tiempo y como Martín Lutero la hizo en el suyo. Pararse en la brecha implica cultivar la santidad requerida, entendiendo que la oración del justo es poderosa y eficaz. Ser santos no nos da el derecho de pararnos en la brecha, porque nadie tiene derechos delante de Dios, pero nos da la oportunidad de ser escuchados por Dios elevando una petición a Él desde allí.

Pararse en la brecha implica reconocer que tenemos que "aprovechar bien el tiempo porque los días son malos", según hablaba Pablo en Efesios 5:16. El versículo anterior a este (5:15) dice: "Por tanto, tened cuidado cómo andáis; no como insensatos, sino como sabios". Estos son tiempos para vivir según la sabiduría del cielo. Estos no son tiempos para dormirnos en las camas ni mucho menos en los laureles. Estos son tiempos de valor, de desafíos, de entrega, de trabajo arduo, de compromisos, de definición. Estos son tiempos en que más necesitamos hombres y mujeres de Dios.

Una de la novelas más famosas de la literatura inglesa se titula ***A Tale of Two Cities*** [***Historia de dos ciudades***], escrita por Charles Dickens con relación a la revolución francesa. Es una obra de ficción. La razón por la que menciono esta novela es porque comienza con una de las frases más conocidas de esa literatura: "It was the best of times, it was the worst of times" ("Era el mejor de los tiempos, era el peor de los tiempos").

Así es como pienso en estos momentos: "Estamos en el peor y en el mejor de los tiempos". El por qué pienso que es el peor de los tiempos no necesito explicarlo: las condiciones de la sociedad actual y del pueblo de Dios sobre el cual se invoca Su nombre es la explicación. El por qué pienso que es el mejor de los tiempos, es más difícil de entender, pero permíteme explicarlo.

Este es el mejor de los tiempos porque estamos frente a una generación que ha probado el placer, que ha experimentado en muchos casos la abundancia de bienes materiales, que ha degustado

CONTINUACIÓN DEL PRÓLOGO

la sexualidad y, habiendo quedado vacía, ahora está en busca de eso que le hace falta. Nosotros, el pueblo de Dios, tenemos lo que ellos buscan y lo único que puede calmar su sed. **Es el mejor de los tiempos porque Dios se está moviendo en nuestro continente y creo firmemente que esta es la hora de nuestra región**. Creo que Dios nos ha dado una oportunidad extraordinaria para impactar esta generación ***con*** Su verdad, ***por*** Su poder y ***para*** Su honor y gloria.

Muchas de las personas que están respondiendo al llamado de Dios están en su plena juventud, y eso me dice que Dios ha ido organizando todo un ejército para librar una gran batalla por Su causa a través de Su iglesia, si esa iglesia sabe pararse en la brecha.

La iglesia no es un grupo de personas que se congrega en un lugar para adorar y alabar a Dios; cualquier otro movimiento religioso puede hacer lo mismo. No es tampoco un grupo religioso que se reúne para celebrar eventos de una manera cristiana. ¡No! La iglesia es el pueblo de Dios, capacitado por el Espíritu Santo, que al vivir una vida digna de Su llamado, hace tambalear las puertas del infierno. Y aquí estamos para hacer justamente eso.

Hoy más que nunca la causa de Cristo necesita que te conviertas en un soldado al servicio de Su Reino. A partir de este momento, queremos que todos aquellos que forman parte del pueblo de Dios entiendan que estamos en medio de una lucha que no es contra carne ni sangre, sino "contra principados, contra potestades, contra los poderes de este mundo de tinieblas, contra las huestes espirituales de maldad en las regiones celestes" (Efesios 6:12). Sin embargo, entendamos también que luchamos al lado del Señor del universo que creó los cielos y la tierra, venció el pecado en la cruz y dejó la tumba vacía tres días después, venciendo la muerte.

¡Libremos la batalla bajo Su señorío, por Cristo y por Su reino!

INTRODUCCIÓN

95 TESIS PARA LA IGLESIA DE HOY

El 31 de octubre del año 1517 Martín Lutero clava sus 95 tesis en la puerta de la catedral de Wittenberg. Era una invitación a la iglesia de sus días a revisar la doctrina del perdón de los pecados por medio de lo que se conoce como la venta de indulgencias. Martín Lutero fue provocado a escribir estas tesis por la enseñanza de que los pecados podían ser perdonados a través del pago de dinero como donaciones hechas para construir la Catedral de San Pedro. Los años pasaron y el movimiento protestante nació. **Hoy en día la iglesia se encuentra nuevamente en la necesidad de una Reforma. Y nosotros volvemos a protestar**. Tenemos que denunciar prácticas que se alejan completamente de la verdad de Dios y que tergiversan el evangelio. El evangelio ha sido vendido de una manera que jamás hubiera podido ser concebida en tiempos atrás. Y esa es la razón por la que nos surgió la inquietud y pensamos en la necesidad de volver a clavar tesis, esta vez no en la puerta de una catedral o de una iglesia, pero sí a través de este libro y de las redes de Internet, de tal manera que el mundo pueda despertar a una realidad: el evangelio de Jesucristo no puede ser diluido, comprometido, vendido ni negociado, y alguien necesita levantarse para denunciar las asechanzas del enemigo a través de la tergiversación de las enseñanzas del consejo de Dios. Toda la iglesia, la iglesia consciente —sus maestros, pastores y feligreses—, necesitan agruparse y a una sola voz poder decir nuevamente: "Protestamos, y una vez más levantamos el estándar de la Palabra de Dios". Lutero ha servido de inspiración a muchos de nosotros, y nadie pretende llenar sus zapatos. Él fue un hombre muy dotado y muy usado por Dios en un momento coyuntural de la historia. En este proyecto queremos presentar a la iglesia de nuestros días una invitación a revisar las doctrinas fundamentales de la fe cristiana.

CONTINUACIÓN DE LA INTRODUCCIÓN

Es nuestra oración que Dios pueda usar el desafío lanzado a la iglesia contemporánea a través de estas tesis para traer una renovación de Su iglesia que logre impactar más allá de sus muros; que aún la sociedad, en medio de la cual esa iglesia se encuentra insertada, pueda cambiar como resultado de que la iglesia haya jugado su rol como sal de la tierra y luz del mundo.

Sola Escritura es nuestro grito de batalla;
y Soli Deo Gloria, nuestra meta.

Sola Scriptura es el principio sobre el cual la iglesia evangélica de hoy, en nuestra región, se levanta o se cae

Basado en Isaías 8:20

En la época de Lutero, el punto focal de la discusión giró en torno a la doctrina de la justificación por la fe debido a que la iglesia de Roma había incurrido en la venta de las indulgencias o el perdón del pecado a cambio de dinero. En nuestros días, la controversia gira en torno a si vamos a enseñar lo que Dios ha revelado en Su palabra o vamos a enseñar un número incontable de revelaciones doctrinales extrabíblicas que no tienen su asidero en la Palabra de Dios. "A la ley y al testimonio; si no hablan conforme a la Palabra es porque no habrá para ellos amanecer" (Isaías 8:20). Esas fueron las palabras del profeta Isaías para la gente de su generación, y tienen que volver a ser las palabras de los predicadores de nuestra región, en esta ocasión, para el pueblo de Dios. Tenemos que regresar a la única fuente de autoridad y **queremos hacerte una invitación a que puedas revisar cada enseñanza, cada predicación, cada cosa que leas, a la luz de la Palabra de Dios**, de tal manera, que puedas concluir si realmente esto es algo que Dios ha traído para Su pueblo o si esto es algo que un falso maestro o un falso profeta está trayendo con la intención de desviar al pueblo de Dios de la centralidad del evangelio. Sola Escritura pone fin a toda enseñanza doctrinal extrabíblica. De regreso a la verdad. ¡Latinoamérica, despierta!

Cuando el Señor Jesucristo dijo: "Haced discípulos de todas las naciones", Su voluntad fue que predicáramos el evangelio y no sueños, visiones ni opiniones

Basado en Mateo 28:16-20

La causa de Cristo se ha visto una vez más bajo amenaza de parte de una serie de predicadores de invenciones que han desplazado el evangelio de su centro y han colocado allí ideas humanas, estrategias humanas, ideas mercadológicas que nada tienen que ver con lo que Dios ha revelado. Una vez más **tenemos que recordar que el evangelio es la esencia, el mensaje directamente relacionado con la vida, la muerte y la resurrección del Señor Jesucristo**, los cuales son hechos avalados por la historia. Cuando el predicador de nuestros días desplaza la cruz de su lugar, podrá crear u obtener una serie de seguidores de su nombre, pero jamás podrá conseguir discípulos de Cristo. El evangelio es el poder de Dios para salvación de todo aquel que cree. Si desvirtuamos el evangelio, dejamos al hombre bajo condenación. Hagamos discípulos por medio del evangelio de Cristo y dejemos a un lado la fascinación con los sueños y las visiones que muchas veces solo sirven para que el pueblo olvide el nombre de Dios, como ocurrió antaño. ¡Despierta Latinoamérica! La cruz es tu símbolo de identificación.

El cristiano no tiene una vida sagrada y otra secular

Basada en 1 Corintios 10:31

"Ya sea que comáis o bebáis o cualquier otra cosa, hacedlo para la gloria de Dios" (1 Corintios 10:31). Esas fueron las palabras del apóstol Pablo para la iglesia de los corintios. La iglesia de hoy está tan acostumbrada a la frase "gloria a Dios" o la frase "para la gloria de Dios solamente" que muchas veces ha perdido la idea de lo que implica hacer algo para Su gloria. La gloria de Dios representa todo aquello que Él es: Su esencia, aquello que irradia de Él hacia afuera. Y de esa manera, cuando decimos que estamos haciendo algo para Su gloria, deberíamos estar procurando reflejar los atributos de Dios. Deberíamos estar procurando crear en la mente del otro una idea tal acerca de Dios, que él pueda irse de nuestra presencia con una imagen agrandada de quien es Dios. Esto dista mucho de la intención de muchos creyentes que hoy en día repiten la frase "para la gloria de Dios". Y también deberíamos recordar que para ese cristiano no hay una vida secular por un lado y una vida sagrada por el otro. Muchas veces vemos al creyente comportarse de una manera en los círculos de la iglesia y luego comportarse de otra manera completamente distinta cuando sale de dichos lugares. En realidad, **para nosotros toda la vida es sagrada porque vivimos toda nuestra existencia delante de Dios**. Los Reformadores hablaban de vivir ***Coram Deo,*** delante del rostro de Dios. Y por eso no importa si estás en el trabajo, en el colegio o en la universidad; no importa si estás predicando la Palabra o impartiendo una charla profesional, deberías hacerlo todo para glorificar a tu Dios, a tu Creador, y reflejar algo a los demás de lo que Dios es. ¡Despierta al concepto de la gloria de Dios!

TESIS #4

La santidad debe ser la marca distintiva del cristiano

Basada en Levítico 11:44

Dios dijo: "Sed santos, porque Yo soy santo" (Levítico 11:44). ¡Tremenda verdad! Eso es suficiente para enseñarnos que la santidad debe ser la marca distintiva del cristiano. Si hay algo que Dios ha dejado ver es que todo lo que se relaciona con Su ser necesita ser santificado. Su palabra es llamada santa; Jerusalén es llamada "la ciudad santa"; Sus hijos son llamados "los santos del Señor"; los ángeles son llamados "santos". **La única manera de poder reflejar la santidad de nuestro Dios es caminando en integridad de corazón delante de Él**. La falta de santidad en la vida de los cristianos no es más que un reflejo de la trivialización de Dios en nuestras vidas. El pecado de la iglesia del siglo veinte y veintiuno es justamente lo que acabo de decir: un Dios pequeño producirá una ***vida de santificación*** igualmente pequeña, y producirá, por tanto, una ***adoración*** en los adoradores de igual tamaño. Necesitamos levantar la imagen caída de nuestro Dios, dejada caer por el predicador de nuestros días. La única forma de hacer eso es levantando el estándar de la predicación, porque es justamente en la Palabra de Dios donde Él proyecta Su imagen. Nuestra misión no es simplemente pintar una imagen de Dios; es más bien convertirlo en una ventana a través de la cual el hombre pueda ver a Dios tal como Él se ha revelado en Su Palabra. ¡Sé tú dicha ventana!

TESIS #5

Apóstoles y profetas constituyen el fundamento de la iglesia y no son oficios para el día de hoy

Basada en Efesios 2:20

El apóstol Pablo, escribiendo a los Efesios, dejó claro quiénes formaron el fundamento de la iglesia: apóstoles y profetas, siendo Cristo la piedra angular, la piedra principal (ver Efesios 2:20). Todos los demás que venimos después estamos construyendo sobre aquello que ya ha sido establecido. ¿Cuántas veces establecemos el fundamento de una edificación? Una sola vez. Así que cuando oímos hoy en día de nuevos profetas y nuevos apóstoles, tenemos que preguntarnos: "¿Por quién o quiénes fueron ellos constituidos? ¿Bajo qué criterio? ¿Bajo qué autoridad de la Palabra tenemos una continuación del oficio profético o apostólico?". A la hora de sustituir a Judas, el apóstol Pedro estableció los criterios para aquel que iba a ser su sustituto: debía ser alguien que hubiera estado con los apóstoles desde el principio y que hubiera sido testigo ocular de la resurrección. Justamente Pablo llenó tales requisitos. Él fue un testigo ocular de la resurrección y a la vez establece que fue enseñado directamente a través de una revelación de Jesucristo (ver Hechos 9:1-9 y Gálatas 1:11-17). De esa forma, entonces, concluimos que **el profeta de hoy, el apóstol de hoy, no tienen ni el llamado, ni la estatura ni el oficio que ocuparon aquellos que fueron escogidos por Dios** para una función especial en el momento en que Dios estaba, no solamente trayendo Su revelación, sino también estableciendo Su iglesia. No negocies, ni confundas el fundamento de la iglesia.

TESIS #6

Ninguna persona puede dar cobertura espiritual a otra

Basada en Salmo 28:7

El Señor es tu escudo y fortaleza, escribió el salmista (Salmo 28:7). Ningún hombre podrá ofrecer cobertura espiritual a otro hombre. En nuestra generación, ha sido frecuente escuchar cómo algunos ministros han negado una supuesta cobertura a quienes han estado de desacuerdo con ellos o porque simplemente han decidido salir de su iglesia al encontrar que ellos no estaban proclamando la verdad. Tenemos que recordar las palabras del Salmista cuando dijo: "Aquel que habita al abrigo del Altísimo morará bajo la sombra del Omnipotente" (Salmo 91:1). Dios es el único que puede ofrecer protección a los seres humanos. **Esta enseñanza antibíblica, que afirma que un hombre puede ofrecer cobertura espiritual a otro, no es más que una manipulación de las emociones, los sentimientos y los temores de aquellos que han sido redimidos por la sangre de Cristo**. Regresa a la cruz y encuentra protección en Aquel que dio Su vida por ti. Él es verdaderamente tu protección. Él ha prometido caminar contigo. Él ha dicho desde tiempos antiguos: "Aunque pases por las aguas, no te anegarán. Aunque pases por el fuego, no te quemarás. No temas, porque Yo estoy contigo" (ver Isaías 43:1-5). El Señor es tu guardador.

TESIS #7

"Proclámalo y recíbelo" es una distorsión de la Palabra; lo que no es la voluntad de Dios jamás será recibido

Basada en 1 Juan 5:14

"Proclámalo y recíbelo" es una de las grandes distorsiones de las enseñanzas de la iglesia de hoy. Puedes proclamar lo que quieras con tus labios cuantas veces lo entiendas, pero si no es la voluntad de Dios, jamás acontecerá. 1 Juan 5:14 dice que cuando pedimos conforme a Su voluntad, Él nos oye, nos escucha. De tal forma que **tenemos una gran cantidad de personas en la iglesia de hoy, haciendo proclamaciones, confiando en el poder de la palabra del hombre, cuando en realidad la única palabra que tiene poder de crear realidades, es la palabra de Dios**. Dios habló, y el mundo fue formado. Todo cuanto Dios ha hecho lo ha hecho por medio de Su palabra. Esa no es la misma condición en el hombre. El hombre es una criatura caída, pecaminosa, insuficiente, incapaz de crear realidades. Por tanto, tenemos que regresar a confiar en la voluntad de Dios que es buena, agradable y perfecta. Aquello que Dios ha dicho, aquello que Dios ha decretado, eso acontecerá, porque Su Palabra no volverá jamás vacía; pero la palabra del hombre es carente de poder. Confía en la Palabra entregada desde los tiempos antiguos a los apóstoles y a los profetas para el hombre de hoy, y en nada más.

TESIS #8

La fe no determina lo que ha de acontecer, sino Dios

Basada en Mateo 10:29

Solamente una generación antropocéntrica como la nuestra puede pensar que lo que el hombre desea y en lo que confía pudiera dar resultado o pudiera llegar a crear los deseos de su corazón. La Palabra de Dios claramente establece que Dios es soberano; que ni un pajarito se cae sin el consentimiento de nuestro Padre; que desde toda la eternidad Dios ha determinado, activa o pasivamente, todo cuanto ha de ocurrir. Y si bien es cierto que mi fe juega un rol en mi relación con Dios, en la paz con la que puedo vivir mi vida cristiana y en la paz que puedo tener al momento de orar, es igual de cierto que **en ningún lugar de la Palabra se nos enseña que nuestra fe tiene poder**. En nuestros días se habla de que cristianos pueden proclamar una palabra de poder basada en lo que nuestro corazón quiere, y así activamos la fuerza de la fe, y que Dios está comprometido entonces a entregarnos aquello que hemos activado por medio de esa palabra. Hemos creado así ese movimiento de la fuerza de la fe (como muchos le llaman). La realidad es que Dios se mueve por lo que Su carácter determina; nada ni nadie fuera de Dios determina el curso de nuestras vidas, ni nadie ha aconsejado jamás a Dios para que un acontecimiento del universo tenga lugar. Dios es el único sabio y eterno, que desde toda la eternidad concibió todo Su plan de redención. Yo ***entré*** a una historia que yo ***no*** pensé, que yo ***no*** escribí, que yo ***no*** comencé; y voy a salir de una historia que yo ***no voy*** a terminar. ***Otro*** la comenzó, ***Otro*** la terminará y ***Otro*** es quien la controla. Confía en Él, que Él es el soberano Señor.

Pensar que "hablar de algo negativo aumenta el riesgo de que suceda", es una superstición de la iglesia evangélica de nuestros días

Basada en Isaías 43:2-3

En ningún lugar de la Palabra (ni siquiera en la historia de la iglesia) encontramos apoyo para una idea tan descabellada como esta. Lo cierto es que Satanás la ha usado tremendamente. Muchas veces los hijos de Dios no se atreven ni siquiera a orar en voz alta por una enfermedad, en medio de alguna catástrofe, por una condición adversa, por el temor que ha sido infundido en ellos. Creen que cada vez que pronunciamos algo negativo con nuestros labios debemos decir: "No lo recibo", para evitar que caiga sobre nosotros. Jamás hemos escuchado algo tan antibíblico, tan fuera de la revelación de Dios, como esto. Nuestro Dios es protector. Nuestro Dios es garantía. **Cuando coartamos al cristiano de poder conversar con otros cristianos acerca de alguna situación, estamos privando al hijo de Dios de hacer uso de uno de los medios de gracia que es la comunión con otros hermanos**. Y cuando ese hermano también se siente coartado en su vida de oración, porque se siente intimidado de no poder pronunciar algo que otros consideran negativo, creyendo con eso que decir tal cosa pudiera traer esa condición sobre él, eso se aproxima más a las creencias paganas de tiempos atrás que a la revelación de la Palabra de Dios. No temas al orar a tu Dios acerca de cualquier situación, aún de forma audible, y no temas conversar con tu hermano acerca de lo mismo. Ninguna superstición tiene poder sobre el hijo de Dios.

TESIS #10

La predicación debe estar cimentada en la Palabra de Dios y no en el orgullo del hombre. Si el pueblo de Dios ha de volver a la simiente, tendrá que comenzar por el púlpito

Basada en 2 Timoteo 4:2

La predicación que no está arraigada en la Palabra de Dios, está cimentada en el orgullo del hombre. El apóstol Pablo instruye a su discípulo más joven, Timoteo, y le dice: "Predica la Palabra a tiempo y fuera de tiempo. Reprende; redarguye; exhorta con mucha paciencia e instrucción" (2 Timoteo 4:2). El predicador de hoy ha minimizado el rol de la Palabra, mientras ha magnificado el rol de su propia palabra. Hoy en día, temiendo ofender a muchos, el predicador se ha alejado de la predicación de la revelación de nuestro Dios. **El púlpito de nuestros días es frecuentemente el culpable número uno de la condición del pueblo de Dios**. Como decía alguien años atrás: "La gloria del púlpito de la iglesia de hoy es un brillo prestado". Tenemos que volver a reflejar la gloria de nuestro Dios a través de la predicación de Su Palabra. Necesitamos hombres predicadores que estén completamente comprometidos con el valor de la Palabra, con el honor del nombre de nuestro Dios, con la gloria que ha de ser revelada a Sus hijos. Y la única manera de ver dicho honor, dicha gloria, dicha reverencia es en Su Palabra. Levantemos la predicación de la Palabra, y la Palabra entonces levantará al pueblo de Dios.

El evangelio de la prosperidad solo ha enriquecido a sus exponentes mientras ha vaciado los bolsillos de sus contribuyentes

Basada en Ezequiel 34:2-3

En nuestros días hay una gran cantidad de personas saliendo de las iglesias donde estuvieron por mucho tiempo expuestas a la enseñanza del evangelio de la prosperidad. Ellas creyeron que al donar dinero para la causa de Cristo o al donar dinero para el reino de los cielos, Dios estaría obligado a devolverles con creces lo que estaban enviando o, para usar su propio vocabulario, lo que estaban sembrando. Con el tiempo, muchas de esas personas no solo quedaron desilusionadas en sus corazones; también sus bolsillos quedaron vacíos. Nosotros, los que predicamos el evangelio, necesitamos recordar las palabras de Dios a través del profeta Ezequiel cuando dijo: "Hijo del hombre, profetiza contra los profetas de Israel. Profetiza y di a los pastores: Así dice el Señor Dios: Ay de los pastores de Israel que se apacientan a sí mismos. ¿No deben los pastores apacentar el rebaño? Coméis la grosura. Os habéis vestido con la lana. Degolláis la oveja engordada, pero no apacentáis el rebaño" (Ezequiel 34:2-3). ¡Intimidantes las palabras de parte de Dios para nosotros los pastores! **Pastor, hermano, maestro ¡reconsidera lo que enseñas! ¡Revisa la Palabra! ¡Regresa a la verdad! ¡Despierta! Dios te hace un llamado. Todavía es tiempo de volver a predicar el evangelio de Cristo y dejar atrás un evangelio falso**. Como Pablo enseñaba a la iglesia de los gálatas, no hay varios evangelios (Gálatas 1:6-9); hay un solo evangelio, con la cruz en el centro, y relacionado con la vida, muerte y resurrección de Cristo.

TESIS #12

Fuimos llamados a predicar todo el consejo de Dios y no porciones selectivas de la Palabra

Basada en Hechos 20:26-27

En nuestros días es muy común escuchar a un predicador ir de una porción de la Palabra a otra porción de la Palabra y luego a otra porción de la Palabra, siempre buscando aquellos pasajes que bendicen a la congregación, pero evitando de manera intencional aquellos pasajes que confrontan el pecado en el corazón de la misma congregación. No ayudamos a los discípulos de Cristo a crecer ni a madurar a Su imagen cuando nunca los confrontamos con aquellos pasajes revelados por Dios justamente para limpiar la mente y el corazón de aquellos por quienes Su Hijo murió. Predicador, te invito a poner atención a las palabras del apóstol Pablo cuando hablaba con los ancianos de la iglesia de Éfeso en Mileto y les decía: "Por tanto, os doy testimonio en este día de que soy inocente de la sangre de todos, pues no rehuí declarar a vosotros todo el propósito de Dios" (Hechos 20:26-27). Nota cómo el apóstol Pablo se sentía completamente inocente al no haber evitado ningún pasaje difícil de la Palabra de Dios. **Presta atención a Su revelación. En ella está el poder de transformación de tu congregación**. En ella está el poder de transformación del Dios a quien pertenecemos todos nosotros. Predica, pero predica todo el consejo de Dios.

TESIS #13

El pastor que no cuida su vida jamás podrá cuidar la vida de sus ovejas

Basada en Hechos 20:28

El ministerio pastoral de nuestros días con frecuencia ha estado en descrédito. Te extiendo una invitación para que juntos levantemos su dignidad. No podemos olvidar las palabras del apóstol Pablo cuando dijo: "Tened cuidado de vosotros y de toda la grey entre la cual el Espíritu Santo os ha hecho obispos para pastorear la iglesia de Dios la cual Él compró con Su propia sangre" (Hechos 20:28). Pablo nos llama a la reflexión. Fuimos hechos obispos por medio del Espíritu Santo. Ha sido algo que Dios mismo ha puesto sobre nosotros, y nos ha puesto a cargo de ovejas, por las cuales Su Hijo Unigénito pagó un precio, el precio más alto que se haya pagado en la historia del universo: Su sangre. Lo primero que necesitamos hacer, de acuerdo con estas palabras pronunciadas en algún momento por el apóstol Pablo, es que tenemos que comenzar por cuidarnos a nosotros mismos. **El pastor que no cuida de su carácter, que no cuida su vida, jamás podrá cuidar las vidas de aquellos que le han sido entregados hasta que el Señor venga por ellos o hasta que nosotros vayamos a Su presencia**. Presta atención a este llamado. Dios toma muy en serio la manera como nosotros cuidamos de Sus ovejas.

TESIS #14

La Palabra nos enseña a tener temor reverente de nuestro Dios, pero nunca de Satanás ni sus demonios

Basada en Salmos 34:9

Si hay algo que me llama la atención en muchos de los hijos de Dios es la ligereza con la que tratan a su Dios y a la vez el temor extraordinario que expresan hacia Satanás y sus actividades. La verdad es que **Satanás ha logrado desviar la atención de la iglesia de hoy para colocarla en él mismo. Y con eso ha logrado una gran victoria**. Tenemos que regresar a la revelación de Dios. Y en ella vamos a encontrar justamente la instrucción de parte de nuestro Dios. Recordemos las palabras del salmista cuando nos dice: "Temed al Señor vosotros Sus santos, pues nada les falta a aquellos que le temen" (Salmo 34:9). Hay un llamado para nosotros, y es temer al Dios de nuestra redención; y hay un llamado a la seguridad, a la certeza que experimentamos bajo Su cobertura, bajo Su protección. No temas. El Señor está contigo. No temas a Satanás. Él es un enemigo desarmado y derrotado, y tu Dios es el vencedor.

TESIS #15

La trivialización del Dios que adoramos es uno de los pecados capitales de la iglesia de nuestros días

Basada en Isaías 57:15

Uno de los pecados capitales de la iglesia de hoy es la trivialización del Dios que adoramos, y su raíz se encuentra en los púlpitos. La manera como muchas veces las ovejas tratan a su Dios es la forma como el predicador ha tratado al mismo Dios en la predicación. **Hay una necesidad imperante de levantar la imagen de Dios en la mente de aquellos que escuchan la enseñanza de la Palabra**. No podemos olvidar que Dios nos ha dicho en Isaías 57:15 que Él es un Dios alto y sublime, y el autor de Hebreos en el Nuevo Testamento nos recuerda que nuestro Dios es un fuego consumidor (Hebreos 12:29). Esas dos enseñanzas actúan como dos cimientos, uno en el Antiguo y otro en el Nuevo Testamento, para recordarnos que si bien es cierto que Dios se ha acercado a nosotros por medio de la persona del Señor Jesucristo, no es menos cierto que Dios nunca ha perdido Su majestuosidad, Su santidad, lo sublime de Su ser. Por tanto, quienes nos acercamos a Él en adoración, aún cuando nos acercamos con confianza por medio de Cristo, tenemos que hacerlo reverentemente. ¡No trivialices lo que los ángeles reverencian!

TESIS #16

La adoración es para Dios, no para el hombre

Basada en Apocalipsis 4 y 5

En el presente, la adoración parece estar diseñada para deleitar al hombre y no para honrar a nuestro Dios. Lamentablemente, por mucho tiempo hemos venido observando cómo la adoración, con frecuencia, tiene en mente o tiene como meta producir cierto gozo en el hombre sin contar con la honra, la majestad y la reverencia debida a nuestro Dios. Decimos eso porque Dios es quien ha diseñado la adoración, y desde Génesis hasta Apocalipsis vemos una adoración centrada en Dios. La adoración es para Dios, no para el hombre. Ahora bien, cuando el hombre deleita a Dios, se coloca en una posición de poder recibir de su bondadoso Dador todo aquello que Él quiera darle, pero **la adoración a nuestro Dios nunca será levantada hasta que nosotros levantemos Su imagen**, y eso necesita hacerse por medio de la predicación de Su Palabra.

TESIS #17

Mientras la mies no sea recogida por obreros que Dios haya enviado, la tarea misionera jamás será completada

Basada en Lucas 10:2

En nuestros días muchos han salido al campo misionero y muchas iglesias han sido plantadas, pero muchos de esos que han salido, han sido enviados por los hombres y no necesariamente por el Señor de la mies. Nosotros rogamos a nuestro Dios que nos abra los ojos, que nos ayude a entender cuáles fueron sus instrucciones ante la problemática de la labor misionera. El Señor Jesucristo nos enseñó que la mies es mucha. Hay mucho por hacer; sin embargo, cuando Él nos dio una estrategia para recoger la mies, esto es lo que dijo: "Por lo tanto, id donde el Señor de la mies para que Él envíe obreros a Su mies" (Lucas 10:2). **Necesitamos orar más y quizás enviar menos hasta que ese Señor haya respondido a nuestras oraciones**. Cuando revisamos la historia del libro de los Hechos, vemos a un Pablo y a un Bernabé siendo enviados después de que la iglesia hubo orado y ayunado; luego de ellos ser dirigidos por el Espíritu Santo, fueron enviados; y grande fue la cosecha. Regresemos al Señor de la mies para que nos dirija, nos instruya y nos enseñe cómo recogerla.

TESIS #18

El ministro de la Palabra no debe verse como apóstol enseñoreado sobre sus ovejas

Basada en 1 Corintios 4:1

Si hay algo que hemos observado a lo largo de los años es que muchos ministros de la Palabra se han enseñoreado sobre el rebaño que Cristo les ha entregado. Ciertamente muchos somos llamados líderes. Estamos llamados a liderar a la iglesia. Estamos llamados a predicar la Palabra con autoridad, pero una cosa es esa, y otra cosa completamente distinta es ejercer el pastorado de una manera autoritaria. El apóstol Pablo, el gran apóstol Pablo, nos enseñó cuando escribió en 1 Corintios 4:1 que todo hombre nos considere como siervos y administradores de los misterios de Dios. Dios es el dueño de la causa. Dios es el planificador de Su plan de redención. Dios es el dador de Su Hijo Redentor. Nosotros simplemente somos siervos. Cuando hayamos hecho todo cuanto nos toca hacer (lo cual nunca ocurrirá), lo único que podremos decir es: "Siervos inútiles somos" (Lucas 17:10). Recordemos cómo sirvió el Señor Jesucristo, y volvamos a servir a Su manera.

La mayoría de las divisiones de la iglesia se han dado por diferencias debidas a nuestros egos agigantados

Basada en Juan 17:21

Cuando la verdad de Dios ha estado en juego, la división de la iglesia en algunas ocasiones ha sido necesaria; pero la iglesia nunca se dividió por causa de egos no quebrantados. Si hay algo que debemos recordar es que el Señor Jesucristo, horas antes de Su crucifixión, en el aposento alto, instruyendo a Sus apóstoles, pidió a nuestro Dios Padre que seamos uno así como Él y el Padre son uno (ver Juan 17:21). Sin embargo, a lo largo de los años, la iglesia de Cristo ha sufrido la plaga de división. Y una vez más, **si tenemos que dividirnos porque el evangelio de Cristo va a ser negociado, entonces nos dividimos. Pero la mayoría de las divisiones se han dado simplemente porque hemos rehusado el ser quebrantados, el ser humillados, perdonar y pedir perdón, y entonces hemos creado tienda aparte simplemente por diferencias debidas a nuestros egos agigantados**. Tenemos un llamado a ser humildes. Tenemos un modelo en la persona de Jesús, quien dejó Su gloria, vino a esta tierra, se hizo hombre, se hizo siervo y nos sirvió de tal forma que supo llegar hasta la muerte: una muerte de cruz. Él nos dejó una enseñanza: "Aprended de Mí, que soy manso y humilde de corazón, y hallaréis descanso para vuestras almas" (Mateo 11:29). Pastor, maestro, oveja, recordemos Su palabra y honremos Su legado.

TESIS #20

El propósito primario de la Palabra no es la información teológica, sino la transformación del corazón

Basada en 1 Corintios 8:1

Esto es un llamado de manera particular a la generación joven. Tenemos una generación importante: ha despertado a las doctrinas de la gracia, está yendo a los seminarios, está leyendo, se está preparando. Pero esa generación tan apasionada con frecuencia hace lo que otras generaciones jóvenes del pasado también hicieron: ha hecho de la información teológica la meta; y por tanto, en el conocimiento, en el crecimiento intelectual, se han ido enorgulleciendo. El apóstol Pablo nos recuerda en 1 Corintios 8:1 que el conocimiento envanece. Y si poseemos un gran cerebro, una gran mente, con un corazón muy pequeño, muchas veces terminamos haciendo mas daño que el bien que debemos llevar a cabo. Por tanto, pastor joven, estudiante joven, maestro de la Palabra joven, recuerda una vez más: Dios quiere que tu corazón crezca por medio del conocimiento que Él ha plasmado en Su Palabra. **No puedes ministrar si el corazón no ha sido debidamente preparado**. No es la mente la que ministra. La mente informa, y la información de la mente es importante. Pero cuando el conocimiento de tu mente no ha bajado a tu corazón, entonces tienes un corazón duro que transmite la información de una manera que el otro no quiere escuchar. Y si el otro no quiere escucharte, no quiere seguirte. Por tanto, es mi invitación a que enseñes la verdad de Dios de una manera reverente, de una manera mansa. Que la sumisión a nuestro Dios, la sumisión a Su Palabra y aun la sumisión mutua en las relaciones caracterice toda tu vida. ¡Recuérdalo!

TESIS #21

Como el predicador trate la Palabra de Dios en el púlpito, así tratarán las ovejas la revelación de Dios

Basada en 1 Tesalonicenses 2:13

Cuando leemos las Escrituras, es impresionante ver cómo el apóstol Pablo se dirige a los creyentes en la iglesia de Tesalónica: los aplaude y les dice que ellos recibieron la revelación de Dios como lo que realmente es, y no como la palabra de los hombres, sino como la Palabra de Dios. Eso hizo de esa iglesia una iglesia modelo, una iglesia de la que Pablo habló todo el tiempo, de cómo se habían constituido en ejemplo para iglesias en Acaya, en Macedonia y aún más allá. **Lamentablemente, el predicador de nuestros días trata con ligereza la Palabra, no la maneja con precisión, no la exalta, no la reverencia**. De esa misma manera, aquellos que escuchan la predicación de la Palabra de Dios no necesariamente toman el peso de la Palabra para aplicarla a sus vidas y así vivir para la gloria de Su Redentor. Por tanto, esto es un llamado a aquellos que predicamos y enseñamos la Palabra de Dios a recapturar lo que es verdaderamente eso que predicamos: la mente, el corazón y la voluntad de Dios; la manera como Dios piensa, la manera como Dios siente, la manera como Dios es. Por tanto, tienes que representar a tu Dios, porque Él es el autor de lo que enseñas. ¡Recuérdalo!

TESIS #22 

Lo que hace a un pastor no es su reputación, sino su carácter; no es su conocimiento, sino su sabiduría; no es su título, sino su llamado; no es su capacidad para delegar ni ordenar, sino su capacidad para servir

Basada en 1 Timoteo 3:2

El apóstol Pablo escribe a Timoteo para la instrucción de todos aquellos que quisieran ser pastores, y lo primero que dice es que un obispo, un pastor, un anciano debía ser irreprensible, irreprochable (*anepilēmptos* en el lenguaje original). **Eso no implica alguien sin pecado, pero sí alguien que tiene un modelo de conducta tal que no necesita ser llamado a cuentas por ser un mal ejemplo para la congregación**. De tal forma, que el ministro de la Palabra, cuando lee los requisitos en 1 Timoteo 3, se percata de que él necesita ser un modelo en el hogar, teniendo su hogar bajo orden; necesita ser un modelo en la iglesia; necesita tener una buena reputación, un buen caminar con los de afuera. Que pueda ser una persona con un testimonio constante delante de todos los hombres, una persona que honra a Dios delante de los hombres de tal manera que ellos puedan, a su vez, honrar a ese Dios en el día de Su visitación. El estándar es alto porque el llamado es aún más alto. Representar a Dios y exponer Su palabra infalible a través de labios falibles no es una responsabilidad pequeña. Hermano pastor o predicador, subamos al púlpito conscientes de que hablamos "de parte de Dios y delante de Dios".

Deseos de predicar o enseñar en un púlpito, o aún de desarrollar una iglesia, no es lo mismo que amor por Dios

Basada en Mateo 22:37

Cuando Cristo pasó revista a las siete iglesias que aparecen en el libro de Apocalipsis, se refirió a la iglesia de Éfeso, de una manera muy clara, llamándole la atención, justamente por haber perdido su primer amor (Apocalipsis 2:4). No podemos olvidar que el primer mandamiento, el mayor de los mandamientos, es: "Amarás al Señor tu Dios con todo tu corazón, y con toda tu alma, y con toda tu mente" (Mateo 22:37). **Muchos confundimos el amor por lo que hacemos, el amor por la predicación, el amor por el ministerio, con el amor por Dios. Y esas dos cosas están relacionadas, pero no son exactamente las mismas**. Nuestro amor por lo que hacemos debería fluir como resultado de una relación íntima, de una comunión diaria con Dios. De esa manera, realmente Dios estará en Su lugar y el ministerio estará en el suyo. No confundas nunca lo que Dios es, el Hacedor, con la obra que haces. Algunos de nosotros sembramos, otros regamos la semilla sembrada, pero al final es nuestro Dios quien cosecha (ver 1 Corintios 3:1-9). Cultiva tu amor por Dios y luego lleva a cabo tu ministerio como resultado natural de tu amor por Él y de tu relación con Él.

TESIS #24

Cuando nos referimos a la vida práctica del cristiano, sin lugar a dudas el énfasis a lo largo de todas las Escrituras es el desarrollo del carácter piadoso

Basada en 2 Timoteo 2:2

Podemos ver esta verdad desde el Antiguo Testamento. Apenas en el segundo libro de la Biblia, el libro de Éxodo, encontramos a Jetro aconsejando a Moisés que escogiera a un grupo de hombres que fueran capaces, temerosos de Dios, veraces, no amigos de ganancias deshonestas para ponerlos a resolver casos menores. Luego, si nos movemos al Nuevo Testamento, nos encontramos a Cristo haciendo énfasis en el desarrollo del carácter santo, y encontramos a Pablo instruyendo a su discípulo Timoteo: "Lo que has oído de mí, en presencia de muchos testigos, esto encarga a hombres fieles, que sean idóneos para que ellos también puedan enseñar a otros" (1 Timoteo 2:2). La realidad es que **lo que las personas escuchan de ti es lo que tienden a recordar, pero lo que las personas ven es justamente lo que van a cambiar**. Tenemos que modelar lo que predicamos y enseñamos; no podemos olvidar nunca que quienes queremos relacionarnos con Dios necesitamos ser caracterizados por la santidad. La Palabra de Dios es llamada santa, Jerusalén es llamada santa, los profetas de Dios son llamados santos, los hijos de Dios son llamados santos, porque no hay nada con los que Dios se relacione que Él no quiera que tenga el carácter de santidad. ¡Recuérdalo!

TESIS #25

Si predicamos más para conservar las ovejas que para preservar la verdad, terminaremos perdiendo ambas cosas

Basada en 1 Corintios 15:3

Muchos predicadores hoy en día temen que las ovejas se les puedan ir a otros pastos. La realidad es que si presentamos el alimento de Dios a aquellas ovejas que Dios nos ha entregado, las ovejas permanecerán; pero tenemos que alimentarlas, tenemos que cuidar del evangelio, cuidar de la revelación de Dios con temor y temblor. El apóstol Pablo escribe en 1 Corintios 15:3-4: "Porque yo os entregué en primer lugar lo mismo que recibí: que Cristo murió por nuestros pecados, conforme a las Escrituras; que fue sepultado y que resucitó al tercer día, conforme a las Escrituras". De manera que, una y otra vez, Pablo se cuidó de que aquello que él recibió de parte de Dios como revelación, no fuera distorsionado por sus emociones, por sus temores, por sus cuidados o por las presiones ejercidas por los demás. **Predicador, recuerda que tu responsabilidad y mi responsabilidad es servir a las ovejas aquella comida que ya Dios ha preparado. Él es el cocinero; nosotros, los meseros**. Como dice uno de nuestros líderes contemporáneos, realmente Dios es el autor y nosotros somos simplemente el lector; y por tanto, tenemos que ir a la Palabra de Dios y servirla. Porque como bien reveló el Señor: "No solo de pan vivirá el hombre, sino de toda palabra que sale de la boca de Dios" (Mateo 4:4). No podemos mal nutrir el alma de aquellos que Cristo compró por precio. Cuida Su Palabra con esmero, predícala con reverencia, predícala con pasión, predica al pueblo de Dios deseando que Dios les visite, que ellos puedan escuchar lo que Dios ha revelado. Y preocúpate tú, y yo me repito lo mismo, por conservar la verdad más que las ovejas; Dios conservará a los Suyos.

TESIS #26

Latinoamérica necesita ser transformada, pero las naciones jamás verán su transformación reprendiendo demonios

Basada en Romanos 1:16

Es claro, a la hora de estudiar la Palabra, que Dios nos ha dejado el evangelio, que es el poder de Dios para salvación, según el apóstol Pablo nos revela en Romanos 1:16. El evangelio es el único mensaje capaz de transformar la mente, el corazón y la voluntad de las personas. En dos mil años de historia nunca se ha visto ninguna otra cosa capaz de transformar individuos, matrimonios, familias y naciones como el evangelio. Desafortunadamente, en los últimos años, una vez más Satanás se las ha ingeniado para desviar la atención de la iglesia. Y esta vez, ha hecho preocupar a la iglesia con relación a la posesión demoniaca y ha atribuido posesiones demoniacas a una serie de hábitos y de conductas pecaminosas, a la acción de Satanás, cuando en realidad es nuestra voluntad caída y pecaminosa la que está actuando. **Tenemos que recobrar, una vez más, la confianza en el poder de la Palabra para cambiar al hombre**. Como dice Wayne Grudem, cuando en la iglesia de Corinto hubo problemas de división, el apóstol Pablo no recomendó que echaran fuera el demonio de división (1 Corintios 1:10-17); cuando hubo problemas de inmoralidad, una vez más, Pablo no recomendó que echaran fuera el demonio de inmoralidad; más bien dijo que echaran a aquel hermano que estaba viviendo con la mujer de su padre (1 Corintios 5:1-13). Una y otra vez, podemos ver a lo largo de toda la Biblia que el énfasis está en la responsabilidad humana a la hora de pecar. Recuerda que Dios jamás transformará tu vida a menos que haya arrepentimiento, y para que haya arrepentimiento tienes que reconocer tu pecado, ir delante de Dios con un corazón contrito y humillado, y de allí no serás echado; pero esa es la única manera de ver transformación. ¡Despierta a la realidad de tu corazón caído!

TESIS #27

Toda enseñanza que contradiga la Palabra de Dios proviene del mundo de las tinieblas

Basada en 2 Pedro 1:20-21

En nuestros días se ha puesto muy en boga el hecho de que pastores, líderes y maestros hablan de su propia cuenta y atribuyen esto al nuevo ***rema*** (la comunicación directa) de Dios a tal predicador, tal apóstol o tal profeta, y de ahí al pueblo. Y en ocasiones he oído decir que el rema de Dios hoy es más importante que la palabra del pasado. La realidad es que Dios nos dio Su Palabra y tenemos esa Palabra completa hasta nuestros días. Bien dice Pedro que ninguna profecía de la Escritura es asunto de interpretación personal, pues ninguna profecía fue dada jamás como un acto de la voluntad humana, sino que los hombres de antaño hablaron de parte de Dios, inspirados por Dios, inspirados por Su Espíritu, precisamente para instruir al pueblo (1 Pedro 1:20-21). **Necesitamos enseñar a nuestras iglesias a ser como los de Berea, quienes escudriñaban día a día las Escrituras para ver si lo que Pablo estaba enseñando era cierto**. No permitamos jamás que la enseñanza humana, falible, no confiable, limitada, nuestra, pueda sustituir la Palabra inerrante, poderosa, autoritativa de nuestro Dios. Confía en Su Palabra, confía en Su poder; hay poder en la Palabra de Dios, pero no en la palabra del hombre. ¡Despierta!

TESIS #28

Dios nos ha instruido a enseñar la Palabra y a predicar dicha palabra con toda autoridad, pero no de forma autoritaria

Basada en Tito 2:15

El apóstol Pablo dijo a Tito: "Habla, exhorta y reprende con toda autoridad" (Tito 2:15). De manera que tenemos un llamado a ejercer dicha autoridad a través de la Palabra amparados en ella misma. Y recordemos que lo que le da autoridad al predicador es, justamente, su conocimiento de la Palabra, su manejo de la Palabra, el respaldo de Dios a su llamado a la predicación y a la enseñanza, su vida de testimonio, su vida de integridad, así como la humildad delante de Dios y delante de los hombres. Muchas veces pensamos que el subir la voz y el volumen en el púlpito es lo que confiere autoridad a un predicador. Las audiencias pueden ser impresionadas por el volumen, el carisma y la forma de gesticular de un pastor o maestro, pero la realidad es que **el corazón de aquellos que escuchan solamente es transformado por el poder de la Palabra que sale de un hombre que ha sido respaldado por Dios para la predicación**, el cual está caminando con Dios. Cuando ese Dios, entonces, se mueve a través de él y, por tanto, a través del Espíritu de Dios que usa la Palabra, aplica la predicación de dicho maestro al corazón, a la mente, de aquellos que están escuchándole. Y entonces podemos ver transformación. No confundamos autoritarismo con autoridad, el autoritarismo es del hombre, la autoridad espiritual viene de Dios. ¡Reconócelo!

TESIS #29

Si la Iglesia de hoy quiere conocer lo que Dios ha dicho, tiene que regresar a la predicación expositiva

Basada en Nehemías 8:8

En nuestro continente, lo más común es escuchar un sermón temático o un sermón emocional que es capaz, incluso, de levantar dichas emociones. Pero, muchas veces, después de que esas emociones han sido levantadas, todavía el pueblo no ha escuchado la Palabra de Dios. En la predicación expositiva, el predicador ha entrado al texto, el texto le ha dicho lo que Dios ha revelado, ha sido nutrido por el texto, ha escarbado lo que Dios ha puesto allí en tinta para nosotros, para el pueblo a lo largo de los siglos. El tema de ese mensaje o de esa predicación es exactamente el mismo tema del texto bíblico. **Tenemos que recobrar lo que es la palabra autoritativa de Dios en la predicación, pero *hay una sola manera de hacer eso*, y es volviendo a lo que es la predicación expositiva**. Y esto no es nuevo. Podemos ir al libro de Nehemías, por ejemplo, en el Antiguo Testamento, y encontrarnos en Nehemías 8:8: "Y leyeron el libro de la ley, traduciéndolo y dándole el sentido para que entendieran la lectura". Eso es justamente lo que la predicación expositiva es: la exposición del texto, con la explicación de lo que se ha leído y luego la aplicación para la vida diaria. Recuerda, tu interés debe estar puesto en lo que Dios ha dicho y no en lo que el hombre quiera proclamar.

Oramos para entrar en la voluntad de Dios, no para cambiarla

Basada en Salmo 50:21

El creyente de la iglesia de hoy ora para cambiar la voluntad de Dios, a diferencia de Jesús que oró para entrar en la voluntad de Su Padre. Y por eso nos vemos, con frecuencia, decepcionados por haber pensado que Dios era tal como nosotros somos. Eso es exactamente lo que Dios dice a través del salmista: "Pensaste que Yo era tal como tú" (Salmo 50:21). **Frecuentemente atribuimos a nuestro Dios pensamientos humanos**. Si podemos revisar otra vez la historia de la experiencia del Señor en el huerto de Getsemaní, podemos ver cómo, una y otra vez, el Señor expresó en palabras Su agonía y Su deseo de que la copa pasara, pero siempre terminó diciendo: "Que se haga Tu voluntad, y no la Mía" (ver Lucas 22:42). Eso es un reconocimiento, no solamente de la soberanía de Dios, sino de la ***bondad*** de ese Dios para con nosotros a lo largo del ejercicio de Su voluntad. La oración nutre nuestra relación con Dios; la oración nos ayuda a realinear nuestra voluntad con la voluntad de Dios y la oración nutre nuestra vida de fe. ¡Levanta la imagen de Dios y podrás orar de una mejor manera!

TESIS #31

El pastorado es una vocación y no una profesión

Basada en Hechos 20:28

El apóstol Pablo conversaba con los ancianos de Éfeso, en la ciudad de Mileto, y les decía: "Tened cuidado de vosotros y de la grey sobre la cual el Espíritu Santo os ha hecho obispos" (Hechos 20:28). Nadie puede hacer a un hombre pastor de una iglesia. Puedes tener un contrato, puedes tener un llamado de parte de una iglesia, pero si Dios no te ha hecho el llamado desde los cielos, todavía no eres considerado un pastor para Dios. La razón para recordar esto es que muchos han hecho del pastorado una profesión y tratan su posición tal cual las profesiones son tratadas: "Permanezco hasta que me convenga". "Me voy cuando ya no tenga más beneficios que conseguir". **En algunas congregaciones los pastores son contratados y son despedidos de la misma manera en que las empresas privadas contratan o despiden a sus empleados**. Una vez más, tenemos que recordar que estamos a cargo de ovejas que Cristo compró a precio de sangre y nos colocó al cuidado de esas ovejas; llegará el día cuando tendremos que rendir cuenta al Señor de las ovejas, al buen Pastor, al Pastor de pastores. Y por eso, es un buen recordatorio para todos nosotros donde quiera que estemos, que si estamos ahí es por llamado divino; y por tanto, debemos terminar o dejar el lugar donde estamos, justamente, por otro llamado divino. Dios hace el llamado, Dios unge y usa a aquellos a quienes ha llamado, y eso nos llama a una gran reverencia. Si estamos cuidando de ovejas compradas a precio de sangre, y estamos en una posición porque Dios nos ha hecho un llamado, eso le va a agregar inmediatamente sobriedad a nuestro trabajo y cuidado a lo que hacemos. ¡Piénsalo!

TESIS #32

Fuimos llamados a hacer todo lo que hacemos de manera primaria para Dios y no para los hombres

Basada en Colosenses 3:23

Si perdemos de vista el hecho de que hacemos lo que hacemos primordialmente para Dios, continuamente caeremos en la tentación de dejar el ministerio porque alguien nos ofendió o nos decepcionó, porque alguien no hizo lo que le tocaba hacer, porque la población es muy demandante, porque la congregación es hiriente, porque la congregación no nos da lo que esperábamos o porque los líderes no cumplen con lo que demandábamos. Tenemos que recordar las enseñanzas del apóstol Pablo a los colosenses donde les dice: "Y todo lo que hagáis, hacedlo de corazón como para el Señor y no para los hombres" (Colosenses 3:23). Si no recordamos este principio tan vital a la hora de servir, continuamente estaremos acusando a otros de aquello que no nos dan o no nos sirven. Muchas veces, estaremos desarrollando un sentido de ingratitud hacia nuestro Dios, precisamente, porque el hombre siempre nos va a fallar. El hombre le falló al Señor Jesucristo. Pedro, la persona que caminó sobre las aguas con Jesús, le negó tres veces. Piensa por un momento que el mejor grupo pequeño de toda la historia de la iglesia lo formó Cristo. Dios encarnado tomó a doce hombres por dos o tres años y al final del período uno lo vendió, otro lo negó, otro quería sentarse a la mano derecha, otro a la mano izquierda y otro ni siquiera quiso creer en la resurrección hasta que no pusiera su dedo en la llaga. Como puedes ver, el problema está en el corazón y, por tanto, **si sirves a tu Dios todo el tiempo y quieres complacerle, no importa las cosas que los hombres te hagan, siempre estarás satisfecho con servir al Señor de señores**, al Rey de reyes, porque Él es quien te ha pedido que sirvas a las ovejas por las que murió. ¡No lo olvides!

TESIS #33

Ovejas sin pastor serán llevadas por el Señor de las ovejas a lugares de verdes pastos para hacerlas descansar

Basada en Juan 21:15-17

Ovejas sin pastor caminan sin rumbo definido. Lucen ansiosas, vulnerables, tristes, incomprendidas; necesitan un corazón que se duela con ellas cuando carecen de esperanza. Así están las ovejas del redil de los falsos maestros: sin Palabra de Dios, ni dirección, ni sanidad, ni consolación, ni provisión del pan divino. Cuando pensamos que Jesús dio Su sangre por estas ovejas, eso debe llamar a la reflexión y al cuidado. Él instruyó al apóstol Pedro de manera peculiar. Luego de la negación, se le apareció después de la resurrección y le preguntó: "¿Pedro, me amas?". Pedro respondió: "Señor, Tú sabes que te amo". Jesús le respondió: "Apacienta Mis ovejas", y volvió a preguntar: "¿Pedro, de verdad me amas?", (eso era lo que Cristo trataba de comunicar). Pedro responde: "Señor, Tú sabes que te quiero". La tercera vez el Señor le dice: "¿Pedro, me quieres?". Pedro responde: "Señor, Tú sabes que te amo, Tú lo sabes todo". Sin embargo, lo que Jesús trataba de enseñarle a Pedro es que el pastor demuestra su amor por el Señor de las ovejas ***cuidando*** de ellas. Él dio Su vida por ellas. Por tanto, tenemos que hacer lo indecible para predicar lo que Dios ha revelado: el alimento del alma. Por otro lado, **debes aconsejar a las ovejas, escucharlas, ver cómo están caminando, porque eso es el cuidado pastoral**. Debes tener a otros líderes que caminen contigo y te ayuden a cuidar de ellas, porque este trabajo no es de un solo hombre, sino de múltiples líderes con diferentes dones, talentos, llamados, intereses, sensibilidades. Al final Dios quiere que Sus ovejas sean cuidadas, de modo que cuando entremos en gloria y tengamos que rendir cuentas de estas ovejas, no tengamos nada de qué avergonzarnos. ¡Reflexiona y piensa la enorme responsabilidad que es cuidar de las ovejas!

Cada uno considere al otro como superior a sí mismo

Basada en Filipenses 2:3-4

Amado hermano, pastor o líder de iglesia, si tus dones y talentos te llevan a sentirte superior a los demás, mejor sería que no los tuvieras o que no los usaras. El apóstol Pablo escribe a los filipenses y les dice: "Nada hagáis por egoísmo o por vanagloria, sino que con actitud humilde, cada uno de vosotros considere al otro como superior a sí mismo" (Filipenses 2:3-4). Dios nos equipa, nos dota con dones y talentos especiales, pero la razón básica es, en primer lugar, servir a los santos, a Su iglesia. Así, al servirle a la iglesia, ponemos de manifiesto la gloria del Dador. Muchas veces entendemos que las habilidades especiales que tenemos por encima de los demás representan logros que hemos obtenido por esfuerzo propio, ya sea por nuestros estudios o por otra cosa, cuando en realidad Dios ha revelado que Él nos da los dones. A algunos les da más; a otros, menos; pero al final el propósito de cada don es servir a la iglesia para la gloria de Dios. Y la mejor manera de poder servir de esa forma es cultivando un carácter humilde. **El orgullo es la piedra de tropiezo número uno que empaña la gloria de Dios**. El orgullo no solo hace que nuestros dones y talentos no ejerzan el efecto que tuvieron o debieron tener en primer lugar, sino que además hace que nuestros dones y talentos luzcan como debilidades más que como fortalezas. Una vez más, hagamos un alto, pausemos, reflexionemos, pidámosle a Dios que escudriñe nuestro corazón para ver si hay algún elemento de iniquidad en nosotros a la hora de usar nuestros dones, y si lo encontramos, pidamos perdón, contemos con Su perdón; Él es fiel y justo para perdonarnos. Si lo olvidas, regresa a Filipenses 2:3-6, donde se nos insta a tener la misma actitud que hubo en Cristo Jesús. ¡Recuerda!

TESIS #35

No hay revelación doctrinal nueva acerca del cielo, del infierno, o de cualquier otro tema. El canon ha sido cerrado

Basada en Deuteronomio 29:29

En múltiples ocasiones he oído a alguien decir, o en ocasiones he leído a alguien que ha escrito, que ha tenido un viaje especial al infierno o un viaje especial al cielo donde Dios le hizo nuevas revelaciones de cómo lucen aquellos lugares. Muchos de quienes cuentan historias similares han dicho tal cosa sin nunca haber ido a la Biblia. La Palabra de Dios es clara. En Deuteronomio 29:29 leemos: "Las cosas secretas pertenecen a nuestro Dios, y las cosas reveladas pertenecen a nosotros y a nuestros hijos, a nuestros descendientes". De manera que todo aquello que Dios entendía que nosotros necesitábamos para nuestra salvación ha sido ya revelado. Con eso terminó Su revelación escrita. Con eso terminó y cerró el canon de las Escrituras. Pensar ahora que tenemos nuevas revelaciones doctrinales, ya sea del infierno o del cielo, implicaría una edición a la Biblia que ya tenemos e incluso necesitaríamos múltiples ediciones a la Biblia conforme a la multiplicidad de los testimonios de las personas que han aseverado tal cosa. Si queremos saber lo que Dios ha revelado para nosotros acerca del cielo o del infierno, ya está escrito. Solamente tenemos que ir a la Biblia, y lo que está allí es lo que nos toca conocer. Lo que nos toca transferir, pasar y contar a la próxima generación es la Biblia; y esa generación debe contarla a la próxima generación. **No especulemos con la Palabra de Dios. No agreguemos. No quitemos de aquello que Dios ha revelado**. Prediquemos aquello que ya está escrito para todas las generaciones de las iglesias hasta Su regreso en gloria. ¡Recuérdalo!

TESIS #36

El verdadero liderazgo espiritual tiene que ver con inspirar, animar y estimular a otros a seguir tu ejemplo

Basada en 1 Pedro 5:3

Esto implica que debes tener un estilo de vida que otros puedan imitar. El apóstol Pedro anima a los pastores justamente a no ejercer señorío sobre las ovejas (1 Pedro 5:3). ¡Eso es lo que nos enseña alguien que caminó con Cristo!; alguien que vio al mejor líder ejercitar dones, talentos y crear un estilo de vida para que otros pudieran seguir Sus pisadas. Forzar o controlar a las ovejas no es el rol del pastor. Las ovejas son de nuestro Dios; Él es quien controla su vida y, en última instancia, ministra a las necesidades más íntimas de su corazón. Pero, entre tanto, Él ha dejado a algunos de nosotros para que podamos inspirar a aquellos que vienen detrás, que han creído, que han depositado cierto nivel de confianza precisamente no solo por lo que escuchan, sino también por lo que ven. De hecho, lo que ellos ven muchas veces tiene más impacto que lo que escuchan. **La gente puede seguirnos y obedecernos por la posición que ocupamos, pero es el carácter lo que ejerce la influencia; eso es algo que no podemos olvidar**. No obstante, el carácter no es algo que llueve de los cielos; es algo que cultivo, ayudado y motivado por la gracia de Dios, quien me ha dejado en Su Palabra la enseñanza para poder ejercitar Su sabiduría y cultivar mi mente y corazón. Lo que Dios hace en ti pastor, líder, oveja, es siempre mucho más importante que lo que Dios está haciendo a través de ti, porque lo que Él hace a través de ti lo puede hacer mucho mejor por Sí mismo o por medio de otros. Pero lo que Dios hace en ti, solamente lo puede hacer en ti, porque no hay otro como tú; y Él te ha elegido para hacerte ***a ti*** a Su imagen y semejanza. Por tanto, sirve a tus ovejas cultivando tu carácter y ayudándoles a cultivar el suyo, animándoles así a seguir tu ejemplo.

TESIS #37

Es posible asistir a una iglesia donde se predica la Palabra por toda la vida y creernos creyentes... y terminar en la condenación eterna

Basada en Mateo 7:20-23

De hecho, es posible, incluso, predicar la misma Palabra y terminar de la misma manera. Por eso decía George Swinnock que es una cosa terrible irse al infierno desde los bancos de una iglesia, pero que es una cosa horrenda irse a la condenación o al infierno desde el púlpito. Y en esto estamos tratando de llamar la atención. Hay mucha gente que ha hecho profesiones de fe, pero en realidad no ha tenido una verdadera conversión, un verdadero encuentro con la persona del Señor Jesucristo. El mismo Señor advirtió contra este problema y, si pudiéramos decir, esta gran herejía de la aceptación del Señor como Salvador, pero no como Señor, como nos manda la Palabra. Por eso Él decía: "Por sus frutos los conoceréis. No todo el que me dice: 'Señor, señor', entrará en el reino de los cielos, sino el que hace la voluntad de Mi padre que está en los cielos. Muchos me dirán en aquel día: 'Señor, Señor, ¿no profetizamos en Tu nombre, y en Tu nombre echamos fuera demonios, y en Tu nombre hicimos muchos milagros?'. Y entonces les declararé: 'Jamás os conocí; apartaos de Mí, los que practicáis la iniquidad'". Palabras severas que salieron de los labios del Señor Jesucristo y que Mateo registra en 7:20-23. **Cada uno de nosotros necesita cerciorarse de que ha hecho una verdadera conversión delante de Dios**. Y la mejor manera de hacer eso es revisando nuestros propios frutos a la luz de la Palabra de Dios. ¡Revísate!

TESIS #38

La verdadera predicación no es una conversación ni una discusión democrática, sino una declaración de la voluntad de Dios

Basada en 2 Timoteo 4:2

La predicación apela a la mente, apela a las emociones después que la mente ha sido informada, y apela a la voluntad. La verdadera predicación pronuncia un veredicto que tendrá consecuencias. La predicación declara la verdad de Dios y, de manera directa e indirecta, señala la mentira, el error y el pecado. Solo por medio de la predicación seremos convencidos de pecado y, por consiguiente, tendremos frutos de arrepentimiento. Por esta razón, el apóstol Pablo instruía a su discípulo Timoteo, diciéndole: "Predica la palabra; insiste a tiempo y fuera de tiempo; redarguye, reprende, exhorta con mucha paciencia e instrucción" (2 Timoteo 4:2). El apóstol Pablo estaba convencido del poder de la Palabra para producir el nuevo nacimiento. **El predicador necesita una convicción que lo sostenga en el púlpito cuando todos los demás no quieren creer lo que Dios ya ha revelado**. Y por tanto necesitamos recobrar el propósito de la predicación, la intencionalidad de esa predicación, y recordar todo el tiempo que los frutos dependen de Dios, quien inspiró la Palabra.

TESIS #39

La palabra "arrepentimiento" casi ha desaparecido de las predicaciones y los llamados a la salvación

Basada en Lucas 5:32

El Señor Jesucristo nos definió claramente en Lucas 5:32 el propósito de Su misión: "No he venido a llamar a justos sino a pecadores al arrepentimiento". Hoy en día se llama al pecador a que invite a Cristo a entrar en su corazón sin el debido arrepentimiento. No podemos olvidar las palabras de Juan el Bautista: "Arrepentíos, porque el reino de los cielos se ha acercado". De la misma manera, el apóstol Pedro, más adelante, llama a la audiencia justamente a lo mismo: "Por tanto ***arrepentíos*** y convertíos para que vuestros pecados sean borrados, a fin de que tiempos de refrigerio vengan de la presencia del Señor" (Hechos 3:19). **No es posible tener una visitación de Dios sin el previo arrepentimiento**. Lo que marca la vida de un verdadero discípulo es su vida de arrepentimiento, y no un evento en el pasado donde en una ocasión él recuerda haber invitado a Cristo a su corazón. Ciertamente, el Señor tiene que morar en nosotros por medio del Espíritu, pero dicha morada es el paso siguiente luego de nuestro arrepentimiento de pecado. Que Dios nos aclare el entendimiento y pueda traer nuevamente a los predicadores hoy en día, la palabra "arrepentíos", para que podamos ver grandes cosechas como fruto de la predicación fiel de Su Palabra. Si llamas a la salvación, ¡no olvides llamar al arrepentimiento!

Si predicas el Evangelio, procura vivirlo, no sea que la Palabra que predicas sea tu propia condenación

Basada en 2 Corintios 1:12

El apóstol Pablo continuamente hablaba y escribía a sus seguidores y les decía acerca de cómo se esmeraba por cuidar su testimonio, no solamente delante de Dios, sino también delante de los hombres. Tenía una preocupación santa por mantener una conciencia tranquila delante de aquellos que le veían vivir. Por eso, cuando escribió a los corintios, les dijo: "Porque nuestra satisfacción es esta: el testimonio de nuestra conciencia que en la santidad y en la sinceridad que viene de Dios, no en la sabiduría carnal, sino en la gracia de Dios, nos hemos conducido en el mundo y especialmente hacia vosotros" (2 Corintios 1:12). **Tenemos un compromiso delante de las ovejas de poder modelar aquello que predicamos de tal forma que nuestras palabras no pierdan fuerza ni convicción a la hora de ser escuchadas**, no sea que ellas vean un testimonio contradictorio frente a aquello que predicamos. ¡Observémonos! Ciertamente, muchas veces nuestras acciones hablan más alto que nuestras palabras. Con razón decía el puritano Richard Baxter: "... cuídense, no sea que denuncien el pecado y, sin embargo, no lo venzan, no sea que mientras buscan en otros, ustedes mismos se conviertan en sus esclavos, inclinándose ante él." ¡Examínate!

El éxito humano no equivale a la bendición de Dios

Basada en 1 Corintios 4:5

En nuestros días, es frecuente ver grandes iglesias que no predican la Palabra de Dios con una gran producción. Por tanto, tendremos que esperar hasta que Dios emita Su juicio para conocer dónde realmente reposaba Su bendición. El éxito, y no la obediencia, parece ser la meta de un gran número de líderes. Muchos han fracasado buscando alcanzar el éxito. El apóstol Pablo escribió a los corintios: "Por tanto, no juzguéis antes de tiempo, sino esperad hasta que el Señor venga, el cual sacará a la luz las cosas ocultas en las tinieblas y también pondrá de manifiesto los designios de los corazones; y entonces cada uno recibirá su alabanza de parte de Dios" (1 Corintios 4:5). Son palabras muy sobrias de parte de alguien que verdaderamente supo lo que es predicar la Palabra y vivir la misma predicación. **Tenemos que recordar que los parámetros del mundo no son los parámetros de Dios**. Y por tanto, mucha producción, muchas luces, un gran templo, no necesariamente son una indicación de que Dios está bendiciendo a un determinado pueblo. Llegará el día en que todas nuestras obras serán revisadas no solamente conforme a lo que hicimos exteriormente, sino también conforme a las motivaciones y a las intenciones del corazón que estaban detrás de dichas obras. Por eso tenemos que ser sobrios a la hora de evaluar aún nuestros propios trabajos y nuestras propias obras. ¡Piénsalo!

Todavía hay mucha ignorancia e idolatría 500 años después de la Reforma

Basada en Efesios 2:8-9

El 31 de octubre de 1517 Martín Lutero clavó sus 95 tesis en la puerta de la catedral de Wittenberg. Eso inició la protesta en contra de la venta de las indulgencias, el perdón de pecados a cambio de dinero. El 31 octubre de 2017 celebramos quinientos años de la Reforma. Y es increíble pensar que todo este tiempo ha transcurrido y que todavía el 70, 80 y en algunos lugares el 90 por ciento de la población latinoamericana todavía no conoce cómo obtener salvación. Esa gran multitud de personas está confiando en sus buenas obras para la entrada al Reino de los cielos, cuando en realidad nuestro Dios reveló que "la salvación es por gracia, por medio de la fe, y que esto no es de vosotros, sino un don de Dios; no por obras, para que nadie se gloríe". Claramente, Efesios 2:8-9 nos revela el plan de salvación de Dios. **Cinco siglos después, la idolatría que Martín Lutero encontró y contra la cual protestó no ha cambiado un ápice**. La gente sigue fabricando y postrándose delante de ídolos que "tienen boca, pero no hablan; tienen ojos, pero no ven; tienen oídos, pero no escuchan; tienen nariz, pero no huelen; tienen manos, pero no palpan; tienen pies, pero no caminan". Y el salmista termina diciendo: "Se volverán como ellos todos aquellos que los hacen y que en ellos confían" (Salmo 115:5-8). La única razón por la que esto no ha cambiado después de cinco siglos es porque la gente continúa creyendo en el veredicto del hombre antes que en el de la Palabra de Dios. Por eso afirmamos y proclamamos que "Sola Scriptura", "solo la Palabra de Dios", tiene la autoridad de atar la conciencia de manera individual y universal. Por tanto, este tiene que ser el grito de batalla de la Reforma Protestante latinoamericana: "¡Sola Scriptura, o se hunde la iglesia!".

No existe ningún intermediario entre Dios y el hombre, excepto Cristo Jesús

Basada en Hebreos 10:14

Durante todo este año 2017, hemos estado celebrando los quinientos años de la Reforma protestante, y todavía muchos no conocen por qué cosas protestaban Lutero y otros más. En esencia, la protesta tenía que ver con el perdón del pecado a cambio de dinero, pero, detrás de todo eso, había múltiples creencias que necesitaban ser retadas a la luz de las Escrituras. Una de ellas era la necesidad de tener un sacerdote intermediario entre el hombre y Dios que pudiera otorgar dicho perdón. La Palabra de Dios es clara en Hebreos 10:14: "Por una sola ofrenda, Cristo hizo perfectos para siempre a aquellos que son santificados". Nuestro perdón fue comprado en la cruz. Cuando Cristo dijo: "Consumado es", toda la obra de redención, todo lo requerido para comprar mi alma del pecado, fue obtenido. De ahí en adelante solo hay un requisito para el perdón del pecado: que el pecador, con un corazón contrito y humillado, busque su perdón delante de su Dios con base en la gracia y la misericordia de Dios y en los méritos de Jesucristo alcanzados a su favor. La revelación de Dios es clara. El apóstol Juan, escribiendo en sus postreros días, nos revela que si pecamos, abogado tenemos delante del Padre (1 Juan 2:1). La Palabra revela también que Cristo es nuestro Sumo Sacerdote, sentado a la diestra del Padre; y que desde allí Él intercede por nosotros (Romanos 8:34). **Tenemos que tratar de reformar la iglesia; no solamente la iglesia de Roma, sino también la iglesia evangélica que ha desvirtuado muchas de sus creencias**. Y es por eso que una vez más tenemos que ir de regreso a la Palabra para escudriñar y ver qué es lo que Dios nos ha revelado. ¡De regreso a la verdad!

TESIS #44

El bautismo no me otorga salvación, sino que es símbolo de la salvación que ya tengo

Basada en Hechos 8:35-38

Una de las protestas de Martín Lutero y de los reformadores cinco siglos atrás fue acerca del rol del bautismo en la vida del creyente. La iglesia de Roma enseñó y enseña que cuando el niño es bautizado, hay una infusión especial de gracia que le confiere perdón y, por tanto, salvación. Luego, cuando ese niño crece y peca en su diario vivir, pudiera estar cometiendo o pecados denominados veniales, o pecados mortales. Cuando se habla de "pecado mortal", se quiere decir con eso que ese pecado mata la gracia infundida a través del bautismo y que, por tanto, para recuperarla, se deben hacer obras que puedan restaurar la relación del pecador con Dios para completar el perdón de pecados, y estas constituyen oraciones u otras prescripciones, conocidas como obras de satisfacción, que el sacerdote puede prescribir. **La Palabra de Dios enseña y, por tanto, los reformadores defendían, que el rol del bautismo es completamente distinto y que para ser bautizado primero se tiene que haber creído en Cristo como Señor y Salvador**. Un buen ejemplo de esto es la historia narrada en Hechos 8, donde Felipe, como evangelista, es traído por medio del Espíritu Santo al lado de un eunuco que iba montado en su carreta. Felipe le escucha leer algo sobre el libro de Isaías y le pregunta al eunuco si entiende lo que está leyendo. Este eunuco le responde que no, que necesitaba de alguien que se lo pudiera explicar. Entonces Felipe accede subir a la carreta y continuar con él. Le explica el pasaje y, de repente, el eunuco, que estaba cerca de agua, le pregunta a Felipe qué le impediría ser bautizado. La respuesta de Felipe fue: "Si crees de todo corazón, bien puedes" (Hechos 8:37). Así que, ante la pregunta de cuál sería el impedimento para el bautismo,

CONTINUACIÓN DE LA TESIS #44

Felipe responde sin lugar a dudas que la única cosa que lo puede impedir es no creer en Cristo como Señor y Salvador. La Palabra de Dios enseña claramente que el bautismo es símbolo de una salvación que ya ocurrió. Cuando bajamos a las aguas, estamos simbolizando que nuestra vida de pecado ha quedado atrás (pero eso ya ocurrió; no ocurre en el momento), y cuando subimos de las aguas, estamos simbolizando que ahora tenemos vida nueva y eterna. Frente a toda la comunidad cristiana reunida, estamos mostrando públicamente que Cristo ha hecho todo esto en nosotros. ¡Gracias al Cordero de Dios que dio Su sangre para el perdón de pecado y para dar vida nueva en Él!

TESIS #45

Recibir el bautismo del Espíritu Santo no implica recibir el don de lenguas

Basada en 1 Corintios 12:12-13

Desde la época de la Reforma y hasta nuestros días, ha habido una controversia acerca del rol del bautismo en la teología de la iglesia de Roma. Sin embargo, en la iglesia evangélica ha existido una controversia diferente también en torno al bautismo, pero en esta ocasión, en torno al bautismo del Espíritu Santo. Para muchos, el bautismo del Espíritu Santo es el don de hablar en lenguas. La realidad es que la Palabra de Dios no enseña algo ni siquiera semejante. El apóstol Pablo escribiendo a los corintios nos enseña que "así como el cuerpo es uno, y tiene muchos miembros, pero todos los miembros del cuerpo, aunque son muchos, constituyen un solo cuerpo, así también es Cristo. Pues por un mismo Espíritu fuimos todos bautizados, ya sea griegos o judíos, esclavos o libres, y que a todos se nos dio a beber de un mismo Espíritu" (1 Corintios 12:12-13). De manera que entendemos a la luz de la Palabra de Dios que **el bautismo del Espíritu Santo es una experiencia de todo creyente**, justamente por lo que acabamos de pronunciar a la luz de lo que Pablo escribe a los corintios. Y esa experiencia de todo creyente es el nacer de nuevo. En el momento en que confesamos de todo corazón a Cristo como Señor y Salvador, el Espíritu de Dios viene a morar en nosotros; en ese momento somos bautizados, y en ese momento somos agregados al cuerpo de Cristo. Es por eso que el apóstol Pablo, en el pasaje que acabo de citar, agrega la frase "un solo cuerpo". Hemos sido bautizados ***en un solo cuerpo*** —toda la iglesia universal, creyente de corazón— en la persona de Jesús. ¡Ora a Dios por sabiduría, y luego escudriña la Palabra para tu propia edificación!

La práctica de la liberación y autoliberación de demonios en los cristianos es un error

Basada en Juan 8:36

Desde el final de la década de los años 80 y aún de los 90 y en lo que va de este siglo, hemos escuchado con frecuencia una enseñanza, en ciertos círculos, que habla de que todo cristiano tiene demonios o que todo cristiano está poseído y que, por consiguiente, este cristiano, después de llegar a ser hijo de Dios, necesita ser liberado. Algunos hablan incluso de una autoliberación. Libros han sido escritos acerca de este tema. Pero la realidad es que esto es un error craso, el cual proviene de una mente que no ha sido saturada por la Palabra de Dios. La Palabra de Dios es clara. Cristo dice: "Si el Hijo del Hombre te hace libre, eres verdaderamente libre" (ver Juan 8:36). En el momento en que Cristo viene a tu vida, eso que te esclavizaba, que era el pecado, ahora ya no te esclaviza; ahora eres libre, has sido declarado libre por el Juez del universo. Y pensar ahora que, después de pasar a ser posesión de Dios, después que el Espíritu de Dios viene a morar en ti, todavía tienes la vulnerabilidad de ser poseído por un demonio; o pensar que otra persona que posee el supuesto don de liberación tiene que venir a tu vida a liberarte de algo de lo que ya Cristo te liberó, es algo completamente contrario a la revelación de Dios. Mi invitación es que, en cuanto a lo que llamamos guerra espiritual, volvamos a la Palabra de Dios a descubrir, a empaparnos con lo que la Palabra dice acerca de lo que verdaderamente es la guerra espiritual. Efesios 6 nos habla claramente acerca de esta guerra, y es más bien una guerra por la verdad. **La guerra espiritual es una lucha por la verdad que Cristo vino a encarnar contra la mentira que ha llenado nuestra mente, la cual Satanás representa**. Así que recuerda una vez más: "Si el Hijo del Hombre te hace libre —Juan 8:36—, eres verdaderamente libre".

TESIS #47

Es tiempo de examinar el mal uso y abuso de los dones del Espíritu en la iglesia de hoy

Basada en 1 Corintios 12 y 14

Uno de los grandes errores o confusiones de nuestros días es acerca del uso de los dones espirituales. Diferentes personas tienen diferentes ideas acerca de si los dones espirituales están presentes o no, hoy en día. Y más que entrar en esa controversia, ya que existen personas ortodoxas muy serias en ambas posiciones, quisiera más bien entrar en el área del desorden con que frecuentemente han sido usados los dones. La Palabra de Dios es sumamente clara en 1 Corintios 12 y 14 acerca de los dones. **Los dones son capacidades especiales conferidas por Dios al creyente luego de que él ha nacido de nuevo. Pero el propósito de los dones es básicamente edificar el cuerpo de Cristo**. Cuando estos dones son usados de una manera que no trae edificación al cuerpo de Cristo, no corresponden al diseño de Dios. Y es por eso que el apóstol Pablo, dirigiéndose a los corintios, da pautas claras y dice, por ejemplo, con relación al don de lenguas: "Si alguno habla en lenguas, que hablen dos, o a lo más tres, y por turno, y que uno interprete; pero si no hay intérprete, que guarde silencio en la iglesia y que hable para sí y para Dios" (ver 1 Corintios 14:27-28). Sin embargo, hoy en día hemos visto grandes cantidades de personas supuestamente hablando en este lenguaje extraño sin que nadie interprete, violando completamente el orden establecido en la Palabra de Dios. En la misma carta, el apóstol Pablo nos dice que nuestro Dios no es un Dios de confusión, sino de paz, como en todas las iglesias (1 Corintios 14:33). De manera que cada vez que escuchamos a alguien supuestamente hablando en lenguas sin nadie que interprete, en medio de una confusión, en medio de un caos, sabemos que no estamos en presencia de una de las manifestaciones del Espíritu. Incluso, cada vez que vemos a las personas que danzan supuestamente bajo el control de un espíritu incontrolable y van tumbando sillas en ciertas congregaciones, contradiciendo lo que la misma Palabra revela acerca de los dones del Espíritu, sabemos que esas personas no están bajo el control del Espíritu de Dios. Dios no puede revelar una cosa y contradecirse posteriormente por medio del mismo Espíritu a la hora de la práctica. Así que cristiano, hermano, amigo, dependiendo de donde estés, tienes que volver a la Palabra de Dios y encontrar allí lo que Él dice de Sus dones, cómo deben ser usados y para que son. ¡De regreso a Su verdad!

TESIS #48

La iglesia de nuestros días es antropocéntrica

Basada en Isaías 43:7

Una de las grandes debilidades de la iglesia de nuestros tiempos es su antropocentrismo. En otras palabras, la iglesia ha llegado a creer que el centro del plan de redención divino es el hombre y no Dios. Pero claramente la Palabra revela, de principio a fin, que el centro de toda la creación, el centro del plan de redención, es Dios. La Biblia es teocéntrica (está centrada en Dios) de principio a fin. En el principio, ***Dios*** creó los cielos y la tierra, y al final de todo terminaremos alabando a nuestro ***Dios***: todos los redimidos alrededor del trono reconoceremos que solamente ***a Dios*** le pertenece el honor, la gloria, el mérito, la alabanza, el poder, por los siglos de los siglos. Dios incluso habla en Isaías 43:7 de: "todo aquel que es llamado por Mi nombre, que fue creado para Mi gloria, todo aquel que Yo he formado y he hecho". Dios está claramente diciéndonos que aun el propósito de nuestra creación, el propósito de nuestra existencia, es Su gloria. **Hasta que la iglesia no recobre, otra vez, el teocentrismo de la revelación del mismo Dios, jamás podrá lograr los resultados que otros tiempos vieron y que otros movimientos han logrado en el pasado**. Cada vez que revisamos uno de los avivamientos genuinos del pasado, que produjo transformación en las comunidades, vemos un avivamiento producido por una predicación donde Dios, Cristo, ***tenía*** el centro. Vemos una predicación cristocéntrica donde el Hijo de Dios es honrado y exaltado, donde la cruz es vista de nuevo como el centro de la redención del hombre, y donde el hombre es como un beneficiario de lo que Dios está haciendo. No podemos olvidar que todo aquello que glorifica a Dios bendice al hombre, pero es en ese orden en que se da. Cuando el hombre es el beneficiario primario, Dios no es glorificado. Pero cuando Dios ***sí*** es glorificado en primer lugar, cuando tu búsqueda primaria en todo lo que haces, no solamente en tu prédica, sino a la hora de criar hijos, de ejercer una profesión, de casarte; cuando tu búsqueda número uno es la gloria de Dios, la persona más gozosa, más satisfecha y más bendecida eres precisamente tú, que has buscado la gloria de Dios. ¡Tu satisfacción está en Su gloria! ¡Persíguela!

TESIS #49

La Palabra define qué es y qué no es una iglesia

Basada en Hechos 1 — 4

Uno de los conceptos más distorsionados en nuestros días es la idea que mucha gente tiene acerca de la iglesia. Para algunos la iglesia ha llegado a ser un centro de entretenimiento. La gente viene a disfrutar; viene a gozarse con sus iguales más que a oír la voz de Dios. Y ciertamente hay un gozo en el Señor cuando somos una verdadera iglesia, pero eso es muy diferente a cuando se va a la iglesia con el propósito de ser entretenido. Por tanto, la manera como muchos miden la calidad de una iglesia es por lo mucho que pueden disfrutar cuando vienen o asisten a ella, cuando en realidad la medida de una iglesia está dada por la centralidad de esa iglesia en la Palabra: cuán cristocéntrica es la predicación; de qué manera Dios es honrado y exaltado a la hora de adorarle y de exaltarle. **Tenemos que recordar que el propósito número uno de la iglesia es la gloria de Dios; la manera primaria de glorificar a ese Dios es exaltando Su nombre, y no hay otra manera de hacer eso que no sea a través de la exposición de Su Palabra. Cuando hacemos eso Dios se complace y visita a Su iglesia**. En el inicio del libro de los Hechos podemos ver claramente cómo Dios considera lo que la iglesia es. Para comenzar, en el capítulo 1 vemos que descendió poder de lo alto, descendió el Espíritu Santo, de manera que el Espíritu tiene que estar presente en medio de una congregación si verdaderamente es iglesia. Por otro lado, a medida en que sigues leyendo esos primeros capítulos te encuentras a hermanos que eran de un solo corazón, de un alma, de un mismo sentir; ellos compartían el uno con el otro, porque cuando el Espíritu está morando en la vida de aquellos que ya han llegado a creer, Él los une, y ahora hay una unidad especial disfrutada entre ellos. Puedes ver cómo esta gente estaba siendo bautizada, puedes ver, incluso, cómo esta gente compartía el pan. La vida de iglesia involucra los sacramentos: el bautismo, la santa cena. Pero puedes ver también cómo Dios nos dice al final del capítulo 2 del libro de los Hechos que Él agregaba a la iglesia a aquellos que estaban siendo salvos. De manera que la iglesia es un grupo de personas redimidas por el Espíritu de Dios, que conforman ahora lo que la Biblia llama "la novia de Cristo"; y de esa forma comenzamos a entender que ***iglesia*** no es una institución, no es un grupo de personas que cantan. La iglesia es, básicamente, una unidad de personas de Dios, redimidas a precio de sangre, quienes cuando se reúnen a escuchar la Palabra, y luego van afuera a vivir dicha Palabra, siendo capaces de hacer tambalear las puertas del infierno precisamente por el poder de Dios que mora en ellos. Solo personas redimidas forman la verdadera iglesia, independientemente de cuántas personas asistan los domingos a un lugar en particular.

TESIS #50

El plantador de una iglesia no puede ser un llanero solitario

Basada en Hechos 13:1-3

Uno de los grandes beneficios de los movimientos de iglesia hoy en día es el entusiasmo que existe en plantar iglesias. Lamentablemente, como todo lo que el hombre hace, con frecuencia viene con sus debilidades y sus dificultades. Muchos son los que han ido a plantar iglesias de manera solitaria, han ido sin ninguna iglesia que los envíe, han ido sin ninguna iglesia que los respalde o los recomiende; y realmente ese no es el patrón del Nuevo Testamento. La Palabra de Dios nos deja ver claramente que aquellos que han de ir, ya sea como misioneros o como plantadores, deben tener una iglesia detrás que haya reconocido sus dones, talentos, llamados, carácter; y que pueda realmente respaldar su obra y su llamado. Hay un llamado interno, que es aquel impulso que Dios pone en el interior de un hombre, llevándolo a plantar iglesias o a ir como misionero. Pero hay un llamado externo, que es el reconocimiento de parte de una congregación, donde la persona verdaderamente no solo tiene un llamado, sino un carácter que respalda el llamado. **Cuando vemos a un hombre que, por descontento con la iglesia anterior, sale y quiere plantar una iglesia como llanero solitario sin tener ninguna institución eclesiástica que lo respalde, estamos en presencia de alguien que ha violentado los patrones y las normas bíblicas**. Por eso tenemos que volver a insistir la Palabra claramente nos enseña cómo lo hizo la Iglesia primitiva; la iglesia de Antioquía fue la iglesia que envió a Pablo y a Bernabé. Y el texto nos dice en Hechos 13:2 que mientras la iglesia ministraba y ayunaba, el Espíritu de Dios dijo: "Apartadme a Bernabé y a Saulo para la obra del ministerio". Y entonces, la iglesia oró y los envió. La iglesia impuso sus manos reconociendo que estos dos hombres eran hombres ya preparados y probados para el ministerio. De la misma manera debe haber una iglesia que pueda continuar orando a la hora de enviar a alguien al campo misionero o a la hora de plantar. Recordemos: no somos llaneros solitarios, nunca fue la intención de Dios que cualquiera de nosotros, en cualquier lugar, pueda plantar una iglesia simplemente porque salió de una con la cual no estuvo de acuerdo. Esa no es la forma de hacer iglesia para la gloria de Dios, en la forma de Dios, en el tiempo de Dios, con los recursos de Dios, de una manera que el nombre de Dios sea verdaderamente glorificado y exaltado.

El pastorado es un ministerio otorgado al hombre, no a la mujer

Basada en 1 Timoteo 2:12

Nuestra sociedad se encuentra en medio de una crisis de liderazgo. Esa crisis de liderazgo es perceptible a todos los niveles. Ocurre en la sociedad en general, a nivel de los gobiernos, a nivel de las instituciones privadas y también a nivel de las iglesias. Cada vez que hay un vacío dejado por alguien, en este caso por el liderazgo, ***algo*** viene a llenar ese vacío que no corresponde con su diseño original. Desafortunadamente, el hombre, a lo largo de los siglos, no ha ejercido su liderazgo correctamente, y mucho menos el liderazgo espiritual que Dios le ha asignado. Desde el principio de la creación vemos que Dios creó a Adán, lo puso en el huerto, le dio instrucciones de cómo labrarlo y cuidarlo, y luego trae a Eva a su lado como ayuda idónea; no como una persona inferior, sino como alguien ***igual*** en dignidad, incluso, como alguien que puede ser capaz de aconsejarlo. Pero **Dios ha querido, por razones que corresponden con Su consejo, hacer al hombre líder**. Vemos esto a lo largo del Antiguo Testamento. Los profetas lideraron todo el tiempo el pueblo de Dios; los sacerdotes fueron los guías espirituales del mismo pueblo. Y vemos esto también en el Nuevo Testamento. Todos los apóstoles fueron ***hombres***; Dios se revela al hombre como ***Padre***; Dios nos envía a un ***Hijo***. Y así sucesivamente podemos ver a lo largo de toda la historia redentora que Dios ha llamado al hombre a ejercer su liderazgo. Un liderazgo que él no ha ejercido apropiadamente, de manera lamentable, y que ha creado muchas consecuencias también. Eso, además, ha originado otro problema, y es una respuesta disfuncional en el vacío. Vemos hoy en día, lamentablemente, a muchas hermanas bien intencionadas ocupando la posición de pastor, a pesar de que vemos en 1 Timoteo

2:12 que el apóstol Pablo, escribiendo por inspiración del Espíritu y de manera infalible e inerrante, dice: "No permito que la mujer enseñe o ejerza autoridad sobre el hombre". La realidad es que esto no se debe a una incapacidad o inferioridad de la mujer con relación al hombre, porque ciertamente podemos reconocer en muchas de ellas grandes dones, grandes dotes y capacidades, incluso capacidades de liderazgo. Pero se trata ***de honrar un diseño***, de manera que no solamente glorifiquemos a Dios al honrar Su diseño, sino que evitemos además las consecuencias de no honrarlo. La Palabra de Dios nos dice que el hombre es la cabeza de la mujer de la misma manera que Cristo es la cabeza del hombre. Cuando el hombre respeta el diseño de Dios, así no lo entienda en toda su dimensión, ese hombre es bendecido, la iglesia es bendecida. Este es un llamado a que los hombres puedan, una vez más, retomar de manera mansa y humilde el liderazgo espiritual en su hogar, en la nación, en las iglesias, de manera que honremos el patrón bíblico, el diseño de la Palabra, para glorificar a nuestro Dios y disfrutar los beneficios de Su diseño sabio y santo.

El discipulado ha sido malentendido en nuestros días

Basada en 1 Tesalonicenses 2:8

A lo largo de la historia de la Iglesia siempre se ha insistido en la necesidad de discipular. Pero muchas veces hemos malentendido el discipulado porque hemos creído que discipular, ***básicamente***, consiste en enseñar un cuerpo de doctrinas y su aplicación, cuando en realidad discipular es mucho más que eso: es un proceso de toda la vida. Por otro lado, hemos malentendido el discipulado porque creemos que solo se da cuando se lleva a cabo de manera formal por un periodo de tiempo. Discipular a alguien es ayudarle a que se conforme al carácter de Cristo. De manera que cuando predicamos, estamos discipulando; cuando enseñamos en una escuela dominical, estamos discipulando; cuando nos reunimos uno a uno con alguien, estamos discipulando; cuando nos reunimos en un cuarto de consejería a guiar bíblicamente a una persona a través de un problema, estamos discipulando. **El discipulado es cada cosa que un discipulador hace de manera intencional con la idea también intencional de ir formando el carácter de Cristo en los demás**. De esa forma, entonces, el apóstol Pablo, cuando escribía a los tesalonicenses, les dijo: "Nos hemos complacido en impartiros, no solamente el evangelio de Dios, sino también nuestras propias vidas, porque llegasteis a sernos muy amados" (1 Tesalonicenses 2:8). Ahí hay tres principios: 1) Pablo compartió el evangelio, eso es algo que tenemos que hacer; 2) Pablo compartió su propia vida; 3) estas personas no fueron un proyecto, sino ovejas muy amadas. Así que discipular implica no solo dar lo que tu mente sabe, sino dar tu corazón, tu propia vida. Debemos discipular de la manera como Cristo lo hizo: no solamente enseñando el evangelio, no solamente viviendo el evangelio, sino, pasado un tiempo, entregando Su vida por las ovejas.

TESIS #53

La disciplina de la iglesia es indispensable

Basada en Mateo 18:15-20

La disciplina de la iglesia es vista como un proyecto tan odioso que ha caído en desuso, cuando en realidad es algo esencial para la salud y la santidad de la iglesia e incluso para beneficio del disciplinado. La Palabra de Dios nos revela que "a quien Dios ama, disciplina" (ver Hebreos 12:6). **La disciplina de Dios y, por tanto, la disciplina de la iglesia, cuando es ejercida bíblicamente, es otra manifestación del amor de Dios**. Cuando Jesús habla por primera vez acerca de la iglesia, habla de esta institución en el contexto de la disciplina. En Mateo 18:15 leemos: "Si tu hermano peca, ve y repréndelo a solas". De manera que el proceso comienza con tu hermano de forma privada. "Si él te escucha, has ganado a tu hermano". Eso nos da la idea de que la disciplina de la iglesia no es simplemente algo que corresponde a los líderes; nos corresponde a todos, porque todos debemos estar interesados en la santidad de la iglesia: en salvaguardar el nombre de Cristo. ¿Qué ocurre cuando ese hermano no te escucha? La Palabra nos instruye también: "Entonces ve con dos o tres que te sirvan de testigos" (Mateo 18:16). Haciendo esto, estarás ejerciendo un poco más de presión sobre el hermano para que él pueda ver con mejor claridad la importancia que tiene para su propia vida este proceso. Si ganas a tu hermano en ese momento porque te escuchó, pues ahí termina todo; no hay necesidad de hacer esto más público. Pero si no te escucha, el mismo texto de Mateo 18 nos instruye en lo que debemos hacer: decirlo a la iglesia (Mateo 18:17). La idea no es que la Iglesia comience a chismear sobre el asunto, sino que personas de la iglesia que conozcan a tu hermano, por un período determinado, puedan llamarlo y aconsejarlo, y tratar de que él se pueda arrepentir; con lo cual evitarías mayores consecuencias en el futuro. Pero si ese hermano no se arrepiente, el texto dice que lo trates como "un gentil o publicano" (Mateo 18:17). Lo que nos dice el texto es que hay una alta probabilidad de que este hermano, que no respondió a la acción del Espíritu de Dios por diferentes personas, probablemente no sea un convertido. Por tanto, la disciplina de la iglesia tiene el propósito no solo de salvaguardar la santidad de Dios, sino de proteger al hermano de mayores consecuencias; y en muchos casos, incluso, de poder filtrar quién es verdaderamente un cristiano y quién no lo es. Es esencial para una iglesia sana mantener el proceso disciplinario. Ahora bien, tenemos que tener cuidado de cómo lo llevamos a cabo: sentar a una persona en la última fila de asientos porque está bajo disciplina no es algo que realmente corresponda con el patrón bíblico; impedir que alguien que ha sido disciplinado, que ha experimentado arrepentimiento y que ha sido perdonado por la iglesia participe de la Cena del Señor no es, probablemente, un lineamiento bíblico tampoco. Si tu hermano ha sido perdonado por Dios y ha sido perdonado por la iglesia, y él muriera en ese instante, participaría, finalmente, en la gran cena del Señor. El hermano debe sentirse amado a través del proceso disciplinario. Nosotros los líderes deberíamos estar cerca de ese hermano durante todo el proceso, de la misma manera que un médico está más cerca del paciente herido que en cualquier otro tiempo. Aprendamos a amar a través de la disciplina.

La adoración es para la gloria de Dios, no para el entretenimiento del hombre

Basada en Apocalipsis 4 y 5

Llamamos adoración con mucha frecuencia y facilidad a cualquier música que tenga cierto contenido cristiano. La pregunta que tenemos que hacernos es: "¿Verdaderamente eso es adoración? ¿Es ese el patrón bíblico a lo largo de la revelación de Dios?". **Adoración es aquello que rendimos a nuestro Dios: incluye nuestra mente, incluye nuestro corazón, incluye nuestras emociones, aun incluye todo nuestro cuerpo. Como decía alguien, la adoración es la rendición de todo lo que el hombre es a todo lo que Dios es**. Pero eso tiene que hacerse de una manera santa, de una manera reverente, de una manera que haga lucir a Dios mucho más grande de lo que el ser humano, muchas veces, puede captar, de tal forma que nuestra adoración pueda, en la medida de lo posible, y con los límites de nuestra humanidad, dar a Dios todo lo que Él merece. Aún después de eso, nos quedaremos cortos frente a lo que Dios verdaderamente merece. En Isaías 6 vemos serafines creados para ministrar en Su presencia, quienes se cubrían el rostro delante de Dios, porque no podían mirar la luz que emanaba de este Ser tan santo. Era imposible para ellos hacer algo como eso. Si leemos Apocalipsis 4 y 5, vemos cómo en el capítulo 4 hay una adoración de Dios de parte de toda la creación, la cual está dando gloria al Padre; mientras que en el próximo capítulo, el cinco, vemos toda una adoración centrada en el Cordero de Dios inmolado por nuestros pecados. Pero todo eso se da en medio de seres angelicales que cantan: "Santo, Santo, Santo es nuestro Dios". De manera que nuestra adoración debe ser cristocéntrica, porque así nos enseña la Palabra; nuestra adoración debe ser, también, para la gloria de nuestro Dios; debe reconocer Su santidad,

CONTINUACIÓN DE LA TESIS #54

debe reconocer Su majestad. Pero el culpable número uno de que la adoración sea de otra forma es el púlpito, porque en la medida en que el púlpito exalta a nuestro Dios, en la medida en que el púlpito engrandece a nuestro Dios, en la medida en que el púlpito proyecta a un Dios grande, quienes escuchan lo que sale del púlpito podrán rendir todo lo que son al Dios que acaban de ver. Quiero hacer un llamado a la iglesia de nuestros días a reflexionar sobre su adoración, a revisar de nuevo las letras de las canciones que canta; que no parezcan letras románticas cantadas a Dios, sino que sean cantadas exclusivamente a Dios por lo que contienen, y porque el centro de ellas es, justamente, la gloria de Dios, y, de manera particular, la exaltación del Hijo de Dios que dio Su vida por Su iglesia.

TESIS #55

Muchas iglesias de hoy trivializan la gloria de Dios

Basada en 1 Reyes 8 y 2 Crónicas 7

En nuestros días es alarmante la facilidad con que la gente habla de la gloria de Dios. Es todavía mucho más chocante escuchar ministros hablar de que en "x" día se celebrará un evento en su iglesia, o en cualquier otro local, y que ese día descenderá la gloria de Dios. Se invita a la gente a venir porque se va a encontrar con la gloria de Dios. Creo que cuando hablamos de esa manera estamos trivializando la gloria de Dios porque no entendemos lo que es y de qué manera se ha manifestado. El descenso, la presencia de la gloria de Dios en diferentes momentos de la vida del pueblo de Israel y en momentos como Pentecostés, si quisiéramos verlo de esa manera, fueron momentos orquestados por el mismo Dios de manera soberana, sin que el hombre pudiera anunciar de antemano lo que Él iba a hacer. Cuando la gloria de Dios descendió, aquellos que se vieron en su presencia no podían ni siquiera permanecer tranquilos, sino que tuvieron una manifestación, precisamente, porque estaban en medio de algo que no habían experimentado de ninguna otra forma y en ningún otro lugar. Por eso, el día que Salomón dedica el templo —descrito tanto en 1 Reyes 8 como en 2 Crónicas 7— cuando la gloria de Dios descendió, el humo que llenó aquel lugar fue tal, que estaba tan densa la atmósfera, que los sacerdotes tuvieron que salir precisamente porque no podían cohabitar con lo que estaba ocurriendo en ese momento. Cuando Moisés pidió ver la gloria de Dios, Dios lo llevó a la montaña, lo cubrió, pasó por delante de él, y le permitió ver solo la parte trasera de lo que representaba Su gloria. **Este es un llamado a ti que, quizás, has trivializado la gloria de Dios, para que te detengas, para que no continúes pecando de esa manera, y puedas volver a la Palabra** y descubrir allí lo que verdaderamente representa Su gloria.

No es del hombre establecer días de milagros

Basada en 1 Corintios 1:22-23

Con frecuencia se escucha en la radio a un locutor que ha recibido instrucción de parte de uno o más pastores para anunciar días de milagros en su iglesia o en un evento en particular. El hombre está programando a Dios y le está diciendo a Dios qué día puede hacer milagros; se anuncia de antemano la realización de dichas obras sobrenaturales. **No negamos que Dios continúa haciendo milagros; creemos que el Dios que hizo milagros ayer lo sigue haciendo el día de hoy, pero no a la manera como el hombre piensa hoy en día, y no a la manera como el hombre quiere diseñarlos tampoco**. Creo que es un egocentrismo y un antropocentrismo pensar que el hombre puede dictaminar el día que Dios ha de descender para hacer milagros en un evento en particular. La problemática de aquellos que piensan de esa manera fue la problemática del pueblo judío. Cuando el apóstol Pablo fue a la Iglesia de los corintios les dijo, de una manera muy clara, que los judíos querían señales; continuamente estuvieron pidiéndole a Cristo que les hiciera una señal más. Y en una ocasión, Cristo les anunció a esos judíos que ya no habrían más señales, y que la única señal sería la misma señal que se dio en los tiempos de Jonás: como este estuvo en el vientre de un gran pez tres días y tres noches, de la misma manera el Hijo del Hombre estaría en el corazón de la tierra por tres días y tres noches. Pero Pablo, categóricamente, les dice a esos corintios: "Porque en verdad los judíos piden señales y los griegos buscan sabiduría; pero nosotros predicamos a Cristo crucificado, piedra de tropiezo para los judíos, y necedad para los gentiles" (1 Corintios 1:22-23). Ese Cristo fue una piedra de escándalo, un tropezadero, para los judíos, pero para los gentiles no era más que una necedad. De esa forma, el predicador de hoy en día necesita recordar que su púlpito tiene que ser cristocéntrico; su enseñanza, su predicación, toda su vida, toda su iglesia debe tener una orientación cristocéntrica. Las señales no producen fe: no lo hicieron en el pueblo judío y no lo están haciendo hoy. La Palabra de Dios es la que produce la fe en el hombre, porque "la fe viene por el oír y el oír por la Palabra de Cristo" (Romanos 10:17). ¡Recuérdalo!

TESIS #57

La manipulación de la siembra y cosecha (pactar) es pecado

Basada en Gálatas 6:7-8

"Cosechar" y "sembrar" son dos palabras que continuamente escuchamos en la radio y desde púlpitos. La idea es sembrar algo financiero, algo material, y esperar que Dios te devuelva multiplicado lo que sembraste. Esta es una idea completamente nueva en la historia de la iglesia que solamente ha podido prosperar en medio de una iglesia materialista, egocéntrica, alejada de Dios y de la revelación bíblica. De la misma manera se habla hoy de que puedes pactar con Dios y establecer condiciones que le obligan a devolverte y a darte lo que le has entregado. Si esta idea la hubieras presentado hace cincuenta años en el seno de la Iglesia, ella hubiera quedado pasmada. Pero hoy en día esto es tan común que muchos se van detrás de sus propios corazones, deseosos de poder controlar sus propias vidas y sus finanzas, y de obtener lo que quieren, obligando a Dios todo el tiempo bajo las condiciones que vinieron a su mente. **En ocasiones he oído a alguien decir: "Endeuda a Dios", así que tomas una deuda contando con que Dios la va a pagar. Eso jamás se le ocurriría a un cristiano con una mente bíblica**. La mente bíblica se cultiva, no es algo con lo que se nace de nuevo. Después de nacer de nuevo tengo que saturar mi mente con la Palabra de Dios, tengo que renovar mi mente por medio de la Palabra, según se nos instruye en la misma. Por tanto, a menos que tengas una mente bíblica, vas a vivir carnalmente y no centrado en el Espíritu, como la Palabra de Dios instruye. Mi invitación para ti, una vez más, es que puedas entrar a la Palabra para entender que cuando la Palabra nos habla de sembrar y cosechar, se está refiriendo, básicamente, o a los frutos espirituales o a los de la carne, los cuales cada uno de nosotros ha de cosechar conforme a su estilo de vida. ¡Piénsalo! ¡Óralo! ¡Y arrepiéntete!

Si Cristo no es el Señor de tu vida, tampoco es tu Salvador

Basada en Mateo 7:21

Hoy en día, y desde la década de los años 70, ha habido una gran controversia acerca del señorío de Cristo en la salvación. Hoy se continúa enseñando que una persona puede recibir a Cristo como Salvador y no tenerlo como Señor. Eso es una enseñanza completamente nueva en la historia de la iglesia. Para la iglesia primitiva eso sería algo completamente inconcebible. De hecho, esa gente perdió su vida porque no quería llamar Señor al César y prefería llamar Señor a Cristo, su Salvador. El Señor Jesús, incluso, enseñó en Mateo 7:21: "¿Por qué me dices: 'Señor, Señor' y no haces lo que te digo?". O: "No todo el que me dice: "Señor, Señor" entrará en el reino de los cielos, sino aquel que hace la voluntad de Mi Padre". El que hace "la voluntad de Mi Padre" implica obviamente que esa persona está viviendo bajo el señorío de Cristo. La única manera en que puedes tener salvación es si Cristo es tu Redentor, tu Salvador, y, al mismo tiempo, tu Señor. **Uno de los grandes problemas del cristiano de hoy es que después de haber hecho una profesión de fe no vive el señorío de Cristo en su vida; y muchas de las áreas de su vida permanecen completamente desorganizadas y con hábitos pecaminosos**. Cuando eso ocurre, creo que vale la pena preguntarnos: "¿Realmente estoy en un estado de salvación?". Porque, una vez más, queremos recordar que hay una sola cosa peor que no ser salvo, y es creerse salvo y no serlo. Por tanto, esto es un llamado al cristiano, a que verdaderamente viva el señorío de Cristo, y si no lo hace, a que examine su vida y su conversión a la luz de la Palabra. No lo dejes para después. ¡Examínate y sé honesto contigo mismo!

TESIS #59

La improvisación es no tomar en serio nuestra responsabilidad de liderar el pueblo de Dios

Basada en Efesios 2:10

Nuestra cultura latinoamericana con frecuencia se caracteriza por la improvisación en todos los niveles. Y cuando tiene que ver con la iglesia, hemos escuchado cómo muchos pastores e incluso iglesias enteras entienden que la mejor forma de saber si el Espíritu de Dios va a hablar a través del predicador es cuando él llega al púlpito sin haber preparado absolutamente nada, porque entonces el Espíritu de Dios le da palabra, y podrá abrir su boca para proclamar el consejo de Dios. No hay nada más antibíblico que tal idea. **Realmente nuestro Dios es un Dios que no ha improvisado absolutamente nada de lo que ha acontecido y acontecerá en la historia. Desde toda la eternidad, Él ha planificado lo que ha de acontecer**. La Palabra de Dios nos dice en Efesios 2:10 que "somos criaturas Suyas hechas en Cristo Jesús para hacer buenas obras que Dios preparó de antemano para que anduviéramos en ellas". Si Dios, un Dios todopoderoso, omnisciente, sabio, justo, se preocupa por planificar las cosas, por preparar Sus obras de antemano, mucho más nosotros Sus hijos debemos, con todas nuestras limitaciones, sacar tiempo apartado en oración, bajo dirección del mismo Espíritu, y preparar no solamente nuestros sermones, sino también el tiempo de adoración: las canciones que vamos a cantar, de qué manera dichas canciones van de la mano con el tema de la predicación, de qué forma el pastor piensa terminar el mensaje para que la canción final pueda contribuir a afianzar lo que se ha predicado. Debemos planificar también nuestras reuniones, ya sean las reuniones de asambleas, las reuniones en los hogares, los estudios bíblicos. Nada de lo que la iglesia haga debe ser resultado de una improvisación, porque eso implicaría, en cierta manera, o una sobreconfianza en nosotros mismos, o, por otro lado, una falta de respeto, de reverencia, de honra a nuestro Dios. Que aquello que hagamos sea excelente, que es uno de los atributos de nuestro Dios. Habiendo dicho todo esto, no quiero dar a entender que no puede ocurrir alguna ocasión en donde una improvisación se dé, porque, en Su soberanía, Dios es capaz de hacer cualquier cosa; y ciertamente es así. Hay momentos en que no ha habido ningún tiempo, no ha habido la preparación y hay una necesidad de responder, ya sea en predicación, en oración, en tiempos de adoración; pero son momentos especiales, puntuales, aquí y allí, que Dios orquesta, y muchas veces esos momentos pueden llegar a ser más significativos que aquellos que hemos preparado. Pero nosotros tenemos que ejercer nuestra responsabilidad y dejar las excepciones para nuestro Dios. ¿Fuimos llamados a qué cosa? A reflejar las virtudes de Aquel que nos llamó de las tinieblas a Su luz. Y de esa forma, entonces, una manera de honrar esa verdad es planificando, bajo la guía del Espíritu y en oración, todo cuanto vayamos a hacer en el pueblo de Dios y con el pueblo de Dios para la gloria del mismo Dios.

Ser cabeza del hogar es un privilegio, pero también es una responsabilidad

Basada en Efesios 5:23

En nuestro continente latinoamericano, donde el machismo ha imperado por tantos años, muchas veces creemos, al venir a los pies de Cristo, que bajo este entendimiento de que el hombre es cabeza del hogar, ahora la esposa necesita realizar todo cuanto él diga o disponga. Tenemos que ser cuidadosos cuando afirmamos una cosa y luego afirmamos otra. Ciertamente, la Palabra de Dios afirma en Efesios 5:23 que el marido es cabeza de la mujer de la misma manera que Cristo es la cabeza de la iglesia; eso es algo que no puede ser discutido. La pregunta es: "¿Qué implica ser cabeza del hogar?". Obviamente implica un liderazgo espiritual. **Si soy cabeza de hogar, mis hijos van a ser guiados por mi ejemplo, por mis instrucciones; mi esposa va a recibir instrucción, dirección, va a tener un modelo a seguir**. Que al final de los años puedas mirar hacia atrás y concluir: "Mi esposa es más santa, años después, ***por*** estar casada conmigo, y no ***a pesar de*** estar casada conmigo". Eso es liderazgo espiritual. Por tanto, ser cabeza del hogar implica modelar, ir delante, como lo fue Cristo, de manera que las ovejas, que serían mi esposa y los hijos que tenga, puedan ir tras mis huellas, tras mis pisadas. Eso va a colocar un mayor estándar, y dará como resultado un pensar más bíblico y más responsable de este enorme privilegio de liderar una familia, pero también de esta responsabilidad monumental que el hombre tiene ante Dios de ser agente santificador del hogar. La esposa tiene un llamado a seguir a su esposo como cabeza, pero tiene también un llamado a serle de ayuda idónea. Una de las formas como esa esposa puede serlo es, justamente, sirviéndole de espejo para aquellas cosas que él hace que no están conformes con la Palabra de Dios, y hacerlo mansamente. Pero la responsabilidad comienza por la cabeza y, por tanto, muchas veces, la forma de pensarlo es esta: "Como vaya la cabeza, irá el resto del cuerpo; como vaya la cabeza, muchas veces, irá el resto de la familia". Si eres cabeza de hogar, piensa otra vez la gran responsabilidad que Dios te ha dado, y si no la estás llevando a cabo, siempre hay un momento para comenzar, siempre la palabra de comienzo es ***¡arrepentimiento!*** Y luego, en el poder de Dios, trata de hacer lo que Dios te ha llamado a ser.

TESIS #61

La mujer que no se sujeta a su marido de manera bíblica peca contra Dios

Basada en Efesios 5:22

Estamos viviendo en medio de una revolución moral que ha sido precedida por una revolución feminista; algo que comenzó en la década de los años 60 de manera más abierta y que ha ido empeorando en la medida en que el tiempo ha ido pasando. Todo lo que ocurre en la sociedad en medio de la cual una iglesia se encuentra injerta se termina infiltrando en esa iglesia, lamentablemente. Y en nuestro continente latinoamericano, la falta de sujeción de la mujer a su esposo es algo epidémico, hasta el punto en que muchas iglesias están en manos del poder femenino más que de la dirección masculina, como Dios lo determinó. La Palabra de Dios llama a la esposa en Efesios 5:22 a estar sujeta a su marido y dice, literalmente: "Mujeres, estad sujetas a sus maridos (y escucha ahora) como al Señor". En otras palabras, si eres esposa, tu sujeción no es tanto a tu esposo; es, más bien, al Señor que ha dispuesto de qué manera debe funcionar el hogar. En toda la creación encontramos un diseño jerárquico: en la Trinidad está el Padre; el Hijo viene, se somete al Padre, y luego el Padre y el Hijo envían el Espíritu de Dios. Puedes ver cómo cada una de las personas en la Trinidad ejercieron funciones distintas a pesar de ser *iguales* en carácter, en atributos, en dignidad. De la misma manera, **la sujeción de la mujer al esposo no implica una inferioridad en su género ni en sus funciones, simplemente tiene que ver con la economía del hogar: cómo este va a funcionar**. Dios llama a los hijos a someterse sus padres, y de esa misma forma, Dios llama a los ciudadanos a someterse a sus presidentes y autoridades. Muchos ciudadanos viven vidas morales y tienen carácter y liderazgo superiores a sus presidentes, y todavía la Palabra les ordena sujetarse a las autoridades. A mí me conviene vivir en sujeción: trabaja en mi orgullo, trabaja en mi sumisión, trabaja en convertirme en un verdadero siervo. Así que mi llamado para ti, esposa, para ti, mujer, es que puedas ver esto como algo que Dios ha dispuesto para beneficiar tu alma, así como ya le hablé al esposo en la tesis anterior, de que él tiene que ser cabeza del hogar, pero de una forma especial que honra a Dios y que imita a Cristo. ¡Piénsalo!, porque puedes tener mucho más de parte de Dios y conseguir mucho más de parte de tu marido si, en sumisión, ejerces tu función.

La conversión es una obra del Espíritu Santo de principio a fin

Basada en Juan 3

Una de las prácticas de la iglesia que me ha preocupado por muchos años y ahora igual, es ver la forma tan trivial en que la salvación es presentada. Para muchos, la salvación básicamente se adquiere un día en donde una persona levanta su mano, se para, pasa al frente y hace una profesión de fe, sin que ese procedimiento necesariamente implique un obrar del Espíritu Santo. La salvación requiere una obra del Espíritu de Dios que produce convicción de pecado en aquel en quien el Espíritu está obrando. **Junto con la convicción de pecado, el Espíritu trae un deseo de ser perdonado y de pedir perdón. El Espíritu ha traído también un entendimiento a esa persona de que la única manera como los pecados pueden ser borrados es a través del sacrificio de Cristo en la cruz**. Por tanto, no podemos predecir ni podemos promover la salvación. Podemos proclamar el evangelio y debemos hacerlo, porque "el evangelio es el poder de Dios para salvación para todo aquel que cree, del judío primeramente, y del griego después" (Romanos 1:16). Pero una cosa es proclamar el evangelio y otra cosa es pensar que se puede determinar, por la manera de manipular las emociones o las canciones que sirven de trasfondo, cómo la persona responde emocionalmente. Y ciertamente puede haber una respuesta emocional que lleve la persona a pasar adelante y hacer una profesión de fe, pero no debemos estar detrás de eso, sino que debemos estar detrás del trabajo del Espíritu, porque Él es quien va adelante. Y cuando el Espíritu se mueve en el interior de una persona, esa persona responde de manera natural. Por tanto, debemos ser cuidadosos a la hora de presentar el evangelio para evangelismo. Y si vamos a hacer un llamado para salvación, deberíamos ser mucho más cuidadosos aún en el lenguaje que vamos a usar, para asegurarnos de que hay un lenguaje que habla de arrepentimiento, un lenguaje que habla del obrar del Espíritu, un lenguaje que habla de convicción de pecado y un lenguaje que habla de entendimiento de lo que el evangelio es. Como ya nos dijo el Señor Jesús: "En verdad, en verdad te digo, el que no nace del agua y del Espíritu no puede entrar al reino de los cielos" (ver Juan 3:5). ¡Recuérdalo!

La iglesia de hoy malentiende y abusa de la obra y el rol del Espíritu Santo

Basada en Juan 16:14

Estamos viviendo en una época en que Cristo no está presente en cuerpo con nosotros, porque Él nos envío el Consolador, el Espíritu Santo, que hoy mora en el interior de nosotros y mora en medio de Su iglesia. Muchos, sobre todo en ciertos círculos, le han dado al Espíritu Santo una preponderancia que muchas veces opaca el rol de Cristo, y eso no es algo que el mismo Espíritu aprobaría. Cristo dijo a Sus discípulos, refiriéndose al Espíritu Santo: "Él me glorificará, porque tomará de lo Mío y os lo hará saber" (Juan 14:6). Muchos, en nuestra generación, atribuyen al Espíritu Santo cosas que con frecuencia pudieran ofender al mismo Espíritu. En algunas iglesias se canta por un largo tiempo invocando al Espíritu para que venga y se haga presente como si Él no estuviera presente en el corazón de cada creyente. O como si tuviéramos que invocar Su presencia como los profetas invocaron a sus dioses en el monte Carmelo. En otros casos, se "profetiza por medio del Espíritu." Otros declaran sanaciones por medio del Espíritu que luego se prueba que nunca ocurrieron. Creo que esas iglesias con frecuencia ofenden al Espíritu Santo cuando le atribuyen cosas que Él nunca hizo. Sería el equivalente, en cierta forma, a usar el nombre de Dios en vano. La prohibición de usar el nombre de Dios en vano tenía que ver con la idea de no vaciar el nombre de Dios de su contenido. De esa misma forma, **cuando atribuimos una obra al Espíritu, que quizás es de la carne, que aun quizás es del mundo de las tinieblas, estamos vaciando de contenido el nombre del Espíritu Santo y vaciando de contenido la obra del Espíritu**. Por tanto, esta tergiversación del rol del Espíritu de Dios es algo que la iglesia de hoy en día necesita corregir urgentemente.

La conversión requiere arrepentimiento

Basada en Hechos 3:19

Algo que llama poderosamente la atención en los sermones, en los llamados a la salvación, en los esfuerzos evangelísticos, es que la palabra "arrepentimiento" brilla por su ausencia. No podemos llegar a un estado de salvación sin arrepentimiento. Tanto en el griego como el hebreo, la palabra "arrepentimiento" tiene connotaciones especiales. En el caso del griego, ***metanoia*** es la palabra e implica un cambio de mente: yo he cambiado mi forma de pensar con relación a lo que es la vida de pecado o el hábito pecaminoso. Y una de las palabras en el hebreo es ***shuv***, la cual implica dolor: me ha dolido lo que he hecho. Por tanto, cuando la persona se convierte, experimenta un gozo como fruto de su nueva vida. Pero en la medida que experimenta la salvación también experimenta dolor por lo que ha vivido, por los pecados que había permitido en su vida anterior. A veces hay llanto, y otras veces hay llanto con lágrimas del corazón. Pero hay también una forma nueva de pensar, y eso va a implicar, en términos de la vida práctica, que no solamente me alejo del pecado, sino que ahora me acerco a Dios. **Así es como la Palabra, frecuentemente, presenta la nueva vida; implica no solamente haber dejado la práctica pecaminosa anterior, sino acercarme ahora a Dios de tal forma que otros puedan ver en mí, en mi caminar, en mi vida, frutos evidentes de conversión**. Y algunos de esos frutos se manifiestan, justamente, por la forma santa como quiero vivir; por deseos de leer la Palabra, de escudriñarla; por deseos de pertenecer a una iglesia local, a un cuerpo de creyentes, a los cuales les voy a rendir cuentas y voy a ser miembro integral; voy a querer bautizarme, voy a querer obedecer los mandamientos que debe obedecer el verdadero discípulo de Cristo. Todo eso está bajo lo que es arrepentimiento, con las implicaciones futuras, después de haberme arrepentido. Por eso el apóstol Pedro instruía a aquellos que le escuchaban, diciendo: "Por tanto, arrepentíos y convertíos, para que vuestros pecados sean borrados, para que tiempos de refrigerio puedan venir de parte de Dios" (Hechos 3:19). Nota la relación "arrepentíos y convertíos"; esas dos acciones siempre van de la mano. Si no lo has hecho ¡Piénsalo! ¡Medítalo! ¡Óralo! ¡Y arrepiéntete!

Para participar de la cena del Señor debes ser bautizado

Basada en Mateo 28:16-20

El bautismo es algo que con frecuencia ha sido desvalorizado en la iglesia de hoy porque se entiende, correctamente, que no es requerimiento para salvación. Pero eso no es todo el entendimiento que la Palabra nos da con relación al bautismo y, luego, a la cena del Señor. Cuando Cristo se preparaba para ascender a los cielos, dejó una instrucción que los creyentes conocemos como La Gran Comisión. Una de esas cosas que Cristo dijo fue que "toda autoridad le había sido dada, le había sido conferida a Él, tanto en el cielo como en la tierra" (Mateo 28:18). Entonces dice: "Por tanto, id y haced discípulos, y bautizadlos en el nombre del Padre, del Hijo y del Espíritu Santo" (Mateo 28:19). En otras palabras, en la mente de Cristo el bautismo y el discipulado eran dos conceptos inseparables. **Si la cena del Señor es para verdaderos discípulos, y la vida del discípulo está inherentemente relacionada al bautismo, entonces la conclusión natural es que aquellos que participan de la cena del Señor deben ser bautizados** porque, de lo contrario, están participando de algo íntimo que celebra su supuesta conversión sin haber confirmado mediante el bautismo el testimonio público de su conversión. Cuando alguien ha sido bautizado como niño en la iglesia de Roma para el perdón de pecados, y cree que ese bautismo es válido, no ha entendido lo que es el bautismo. El bautismo es un testimonio público de que he creído, de que he depositado mi fe en Cristo Jesús. No debería haber ninguna razón por la cual me avergonzara de testificar de tal manera. Consecuentemente, a la hora de venir a la cena del Señor, no solamente participo de algo muy especial de la vida de iglesia, sino que también testifico que como ya pertenezco a esta familia de creyentes, ahora puedo disfrutar de este momento de intimidad en la comunión. Necesitamos revisar nuestras prácticas, y cuando esas prácticas no se conforman a lo que la Biblia enseña, ya sea directa o indirectamente, debemos hacer los cambios necesarios. Nosotros mismos en nuestra iglesia hemos revisado prácticas a lo largo de los años, incluyendo lo concerniente al bautismo, y hemos hecho cambios conforme a lo que la Palabra nos instruye. Todos estamos creciendo en entendimiento de esa misma Palabra. Reconocer que has hecho algo que no es correcto, no implica que no eres iglesia, no implica que no has hecho el trabajo de proclamar el evangelio de manera bíblica; simplemente implica que sigues creciendo en entendimiento. Es una muestra de humildad hacer los cambios necesarios. ¡Piénsalo! ¡Revisa la Palabra! ¡Escudríñala! Habla con tu congregación, y donde tengas que cambiar, haz el cambio, pero instrúyeles acerca del cambio.

TESIS #66

Nuestra época ha sido marcada por la tergiversación del evangelio

Basada en 1 Corintios 15:1-4

Si hay algo que escuchamos mucho hoy en día es acerca del evangelio. Pero, de la misma manera, tendría que puntualizar que si hay algo que escucho con frecuencia es que aquello que está siendo llamado evangelio ***no*** es el evangelio. Para algunos, el evangelio es simplemente invitar a Cristo a mi corazón, y ya que Cristo vive en mí, soy salvo; para otros, el evangelio es un perdón que Cristo me da, pero que luego me permite vivir con una liberalidad tal que en realidad lo que vivo es una gracia barata; para otros, todavía, el evangelio es una serie de normas, de reglas, de "hacer y no hacer", convirtiendo así la vida cristiana en legalismo. Nada de eso es el evangelio. El evangelio es un mensaje, y el mensaje tiene que ver con una proclamación de buenas nuevas. **Las buenas nuevas son, justamente, que Cristo ha venido a ofrecer al hombre salvación de su condición de pecador y de la condenación bajo la cual él ha estado desde el momento de su nacimiento**. Y ese evangelio, entonces, tiene detrás la cruz de Cristo y la resurrección de Cristo; de hecho, tiene detrás, incluso, la vida de Cristo. A través de Su vida, Cristo cumplió la ley de Dios; eso le permitió llegar a la cruz para morir en lugar del pecador. Al resucitar, Cristo inauguró una nueva era, una era de gracia. El mensaje del evangelio nos habla de por qué murió Cristo: "Y Aquel que no conoció pecado, fue hecho pecado, para que nosotros fuéramos hechos justicia de Dios en Él" (2 Corintios 5:21). Pero cuando el apóstol Pablo quiso definir para los corintios de forma objetiva lo que es el evangelio, les dice: "Ahora voy a hablar del evangelio, en el cual vosotros estáis firmes" (ver 1 Corintios 15:1). Y entonces, pasa a decir que Cristo murió conforme a las Escrituras; y resucitó, al tercer día, conforme a las Escrituras (1 Corintios 15:4). En otras palabras, el mensaje del evangelio está fundamentado en hechos históricos concretos que tienen que ver con la vida, la muerte y la resurrección de nuestro Señor. Y, por tanto, si conozco el evangelio y verdaderamente lo entiendo, voy a querer honrar no solamente la muerte de Cristo, sino que voy a querer honrar, al vivir en santidad, la ley que Él cumplió y, al mismo tiempo, la santidad de Dios que requirió que Él muriera en mi lugar para el perdón de mis pecados. ¡Ese es el evangelio! ¡Estúdialo! ¡Revísalo! ¡Y ve, y vívelo!

La evangelización del mundo no requiere de la expulsión previa de demonios de los territorios a evangelizarse

Basada en Mateo 28:16-20

Alrededor de la década de los años 90 surgió un nuevo movimiento conocido como ***Evangelismo de poder***. En esencia, lo que ese movimiento planteaba y ha continuado planteando es que los territorios están ocupados por demonios, y que esos demonios hacen resistencia a la evangelización de aquellos lugares. Por tanto, dice ese movimiento, antes de ir a evangelizar, es necesario ir con equipos de liberación de demonios para expulsar demonios de diferentes naturalezas, incluso hacer un mapeo de estos demonios que ocupan diferentes regiones. Así entonces se habla de demonios de lujuria, demonios de drogas, demonios de violencia; y así, a lo largo de los años, se fueron creando nuevos nombres para nuevos demonios. En ningún lugar de la Biblia aparece tal cosa. **Decir que necesitamos liberar lugares de demonios para luego evangelizar es debilitar el poder de la Palabra de Dios en su concepto. La Palabra de Dios es poderosa, y no solamente poderosa, es omnipotente**. Dios habló y el mundo se creó; Dios habla y las cosas suceden; Cristo habló y los muertos resucitaban. La Palabra de Dios predicada tiene el poder para hacer todo cuanto se requiere para evangelizar a aquellos que aún no conocen al Señor Jesucristo. Cuando Cristo envió a Sus discípulos a evangelizar, evento descrito en el texto conocido como La Gran Comisión, en esencia Él les dijo: "Id por todo el mundo y haced discípulos; y bautizadlos en el nombre del Padre, del Hijo y del Espíritu Santo". Y luego les dijo: "Y enseñadles a obedecer (ahí está la Palabra) todo cuanto Yo os he enseñado" (Mateo 28:18-20). La herramienta de evangelización ***es*** la predicación de la Palabra de Dios.

Un cristiano transformado por el evangelio exhibe el fruto del Espíritu

Basada en Gálatas 5:22-23

En los últimos años, y específicamente en la última década, se ha hecho un esfuerzo extraordinario por recobrar el evangelio, algo que ocurrió también en la época de la Reforma. Muchos hablan del evangelio, muchos escriben del evangelio y, sin embargo, muchos de los que hablan del evangelio y de los que predican el evangelio no exhiben el fruto del evangelio en sus vidas. El evangelio tiene poder, y tiene poder para salvar, pero es la misma verdad, detrás del evangelio, la que tiene poder para santificar al creyente. De manera que, con el paso de los años, en la medida que ese evangelio va haciendo efecto en el creyente y él va entendiendo mejor todo lo que hay detrás: el sacrificio de Cristo, la entrega de Cristo, cómo Cristo se despoja de Su condición de gloria en los cielos, y viene y se hace hombre, y como hombre se hace siervo, y tiene una muerte de cruz; en la medida en que él entiende toda esa gracia que Dios ha puesto a su disposición, el evangelio comienza a transformar su forma de pensar. Y como la mente es transformada, su carácter comienza a ser transformado. De manera que el cristiano comienza a exhibir ahora el fruto del espíritu. Nota que no es llamado el fruto del hombre ni fruto del esfuerzo; es el fruto del Espíritu, es la obra del Espíritu de Dios en el creyente que ha llegado a adquirir cierto entendimiento de Su Palabra. Ahí el creyente comienza a exhibir amor, gozo, paz, paciencia, bondad, benignidad, fidelidad, mansedumbre, hasta llegar, finalmente, al dominio propio. **Una de las mejores cosas que podemos hacer para atraer al incrédulo es justamente exhibir la obra del Espíritu y la obra del evangelio en nosotros; eso decora la doctrina cristiana**. Y una doctrina cristiana decorada es altamente atractiva para aquellos que no conocen al Señor Jesucristo. Te invito a que examines tu vida a la luz del fruto del Espíritu, y responderte a ti mismo si realmente exhibes el poder de transformación del evangelio en tu vida. De no ser así, te invito a que hables con Dios y le pidas que verdaderamente transforme lo que eres para Su gloria y para exaltación de Su Hijo. ¡Arrepiéntete! Y que Dios, entonces, te ayude a exhibir lo que hasta ahora quizás no has exhibido y que se ha constituido en un obstáculo para aquellos que te observan, para aquellos que te siguen. Que Dios te ayude, mediante el poder de Su Espíritu, a hacer lo que nunca podrás hacer en el poder de la carne.

TESIS #69

La iglesia protestante contemporánea ha adquirido supersticiones “evangélicas” que tienen que ser eliminadas

Basada en Santiago 5:14

Aquí podría hablar, por largo tiempo, acerca de prácticas que realmente representan, más bien, supersticiones que el pueblo llamado “evangélico” ha ido adquiriendo, pero que no tienen soporte bíblico. Y quizás, para comenzar, podría mencionar el uso de aceite a la hora de ungir. Santiago 5:14 habla de que si alguno está enfermo que llame a los ancianos de la iglesia, y que ellos vendrán y orarán por él, y le ungirán con aceite. Y luego habla de que la oración del justo puede mucho, o de que es poderosa y eficaz. No vamos a discutir nada de esas enseñanzas que están ahí plasmadas. Pero lo que sí llama poderosamente la atención es que la Iglesia de hoy ha puesto la confianza en el aceite, algo que verdaderamente podría representar, y probablemente representaba, la unción del Espíritu de Dios, el cual estaba separando a esa persona enferma para tener un trato especial con ella. Ya en el proceso de la oración, Dios podía y puede sanar a la persona (como también puede no hacerlo, según Su voluntad); pero no depende del aceite que usamos. Hoy en día, son muchos los que usan diferentes tipos de objetos con la intención de atraer el poder de Dios sobre una persona, sobre un lugar, sobre un grupo de personas o iglesias. De esa forma, entonces, podríamos pensar en otras supersticiones evangélicas que tenemos hoy en día. Por ejemplo: algunos hablan de que “tienes que cubrirte con la sangre de Cristo ante cualquier peligro”. Realmente, no hay manera como yo pueda cubrirme con la sangre de Cristo; Cristo derramó Su sangre para el perdón de pecados. El día en que nazco de nuevo, el día en que Dios me hace Su hijo, quedo cubierto por Cristo: por Su poder, por Su gracia, por Su fidelidad, por todo lo que Él es. Pero la idea de que para ir a expulsar un demonio, como algunos entienden, necesito primero cubrirme con la sangre de Cristo, como si eso fuera algo que me pongo y me quito, es una enseñanza, una vez más, de la iglesia moderna, que no tiene asidero ni en la historia de la iglesia ni mucho menos en la historia bíblica como la tenemos hoy. El ser humano tiende a la idolatría por naturaleza. Y de la misma manera, entonces, mucha de esta idolatría ha encontrado en ciertos círculos un tinte, por así decirlo, evangélico que está haciendo mucho daño porque ha reemplazado la confianza en Dios por fórmulas, rituales, objetos, cosas que no tienen nada que ver con la fe que Dios nos ha llamado a depositar en Él y solo en Él.

TESIS #70

Congregarme no implica necesariamente que estoy espiritualmente bien, pero no congregarme habla de que algo no anda bien en mi vida

Basada en Hebreos 10:25

El autor de Hebreos exhortaba a aquellos que escucharían su carta, cuando fuera leída, a que no dejaran de congregarse como algunos tenían y tienen el hábito de hacer, aun hoy en día, aun en medio de la iglesia evangélica en la cual estamos injertos (ver Hebreos 10:25). Muchos vienen a la iglesia: vienen el domingo, vienen un miércoles, pertenecen a un grupo pequeño, y el participar en todas y cada una de esas actividades los convence de que están espiritualmente bien. Muchas veces, incluso, están en dichas actividades y ni siquiera han experimentado la conversión. Por otro lado, muchos piensan que están muy bien espiritualmente y que, por tanto, no tienen necesidad de congregarse; pueden escuchar un sermón, ya sea por Internet, ya sea por la televisión, y pueden adorar a Dios desde sus hogares. Ciertamente, la iglesia no me convierte, pero si no estoy viniendo a la iglesia, hay algo que no he entendido o hay algo que estoy practicando de una manera antibíblica. Un hombre puede estar casado y no necesita vivir con su esposa para estarlo, pero si no vive con su esposa, no va a tener un matrimonio de calidad. De la misma manera, el cristiano no puede tener una vida de calidad rechazando el congregarse con otros hermanos, quienes contribuyen a enriquecer su vida de obediencia y de fe, a animarlo cuando está desanimado. El congregarse nos ayuda, incluso, a poder ser confrontados y corregidos cuando las cosas no andan bien. Y esa es la razón por la que la Palabra de Dios describe el discipulado como algo que ocurre en el contexto de una comunidad cristiana. **No asumas que estás bien porque estás en una iglesia; no asumas que puedes estar bien *no* estando en**

una iglesia. Para estar bien, tenemos que seguir los pasos que Dios nos ha dado y hacer uso de los medios de gracia. Y uno de esos medios de gracia es, justamente, Su iglesia. Él te ha colocado allí, porque allí hay hermanos que pueden contribuir a tu crecimiento, y porque allí hay hermanos que pueden ser favorecidos por el tuyo. Si esa no es la vida que estás llevando, una vez más, regresa a la cruz, regresa a Dios, y pídele al Señor de gloria que te dé arrepentimiento; comienza, nuevamente, a hacer uso de lo que te ha entregado para tu crecimiento, tu beneficio y tu santificación.

TESIS #71

Nuestra protección es la armadura de Dios, no la armadura del hombre

Basada en Efesios 6:10-18

Una vez más, en medio del movimiento de guerra espiritual en que nos encontramos, con frecuencia hemos oído a algunas personas hablar de la necesidad de "ponerse la armadura de Dios antes de salir de la casa"; lo cual implica un mal entendimiento de lo que es la armadura. La armadura de Dios no es un uniforme, es un estado en el cual el creyente se encuentra. Necesitamos entender cuál fue la metáfora, la figura de comparación que el apóstol Pablo usó para ayudarnos a entender de qué manera tenemos que vivir la vida cristiana. **La armadura del Espíritu es algo que Dios hace, por eso se llama la armadura *de* Dios. No es algo que el hombre crea, no es algo que el hombre inventa, no es algo que el hombre puede manejar ni manipular**. Esa armadura estaba relacionada con el uniforme que usaba el soldado romano, la cual proveía cierta protección. Pablo, entonces, usa las partes de esa armadura del soldado romano para ilustrar la vida del cristiano y la forma como debe cubrirse para estar protegido. Así, por ejemplo, llamó al cinto el cinto de la verdad. Obviamente, el cinto en el soldado romano era lo que sostenía toda la armadura. La coraza que cubría el tórax estaba sostenida por el cinto; la espada estaba colocada en el cinto. El cinto representa la verdad. En otras palabras, el cristiano que quiere pelear la guerra espiritual necesita andar en la verdad y conocer la verdad. La coraza protegía el tórax, y en el tórax está el corazón y más abajo el hígado, órganos esenciales del cuerpo humano. Básicamente, la coraza de justicia habla de la rectitud moral que Cristo nos da, y que nosotros necesitamos cuidar al andar en santidad. La guerra espiritual se pelea, entonces, andando en santidad. La espada del Espíritu es el único instrumento ofensivo mencionado en esta armadura; todos los demás instrumentos son defensivos, pero este es ofensivo. Nos dice Efesios 6 que la espada del Espíritu es la Palabra de Dios (Efesios 6:17). La Palabra de Dios tiene el poder. Tiene el poder para afirmarnos, tiene el poder para rechazar los errores, tiene el poder para echar a los falsos maestros. Tengo, entonces, que librar esa batalla manejando la Palabra de Dios con precisión. Pablo habla también del yelmo. El yelmo era ese casco que protegía la cabeza del soldado romano. ¿Qué está en mi cabeza? Están mis pensamientos, está el cómo pienso. Necesito, entonces, cuidar la forma de pensar, porque como el hombre piensa, así es él. Y ahora tengo una idea mucho mejor de esta armadura que Efesios 6 llama ***la armadura de Dios***, de aquello que Dios me entrega, aquello que Dios me da, incluso, el día que vengo a ser parte de su familia. Pablo habla del calzado, de esos zapatos o sandalias (como llamarían en el pasado). Estos zapatos no son otra cosa que el evangelio. Es el evangelio lo que tiene que ser llevado; por eso se da la referencia al calzado de la armadura. Con ese evangelio, puedo guerrear en contra de la incredulidad del hombre. Y de ahí, entonces, que el cristiano puede sentirse protegido por algo que Dios le otorga como hijo. No es la armadura del hombre, es la armadura de Dios.

TESIS #72

El judaizar nuestros cultos y servicios de adoración no es algo bíblico

Basada en Juan 19:30

El Señor Jesús fue a la cruz después de haber cumplido con la ley de Dios a cabalidad. Murió allí, y el día que murió, dijo: "Consumado es" (Juan 19:30). Algo había terminado, algo había cumplido su propósito. Y una de las cosas que había terminado es, justamente, la era de la ley. La ley fue cumplida por Él, y ahora Él inauguró un nuevo pacto en Su sangre; y entramos a la era de la gracia. Por años, desde la década de los años 70 en adelante, muchos cristianos comenzaron a entusiasmarse con prácticas provenientes del judaísmo. Introdujeron canciones, expresiones y frases del hebreo, introdujeron danzas, introdujeron instrumentos musicales como el shofar y una serie de prácticas que fueron judaizando el culto. De hecho, los judíos mesiánicos entienden que para ser cristiano, primero los cristianos deben convertirse al judaísmo y circuncidarse. Ellos no han entendido que el judaísmo quedó reemplazado por el cristianismo. El cristianismo es la continuación de ese judaísmo. Algunos de estos elementos pueden no ser pecaminosos en sí mismos, pero otros sí. **Creo que muchas veces, incurriendo en el error de poner un énfasis en algo que corresponde a las obras de la ley, podemos terminar como los Gálatas que, habiendo comenzado por el Espíritu, querían terminar por las obras de la ley**. Cuidémonos de no contaminar la gracia de Dios, la obra completa de Cristo en la cruz, con elementos que hablan, más bien, de lo que es la obra de la ley, y no de lo que es el poder de la gracia del evangelio para la salvación del hombre.

Para perdonar, la otra persona no tiene que pedirme perdón

Basada en Lucas 23:34

La primera vez que escuché a alguien decir: "Yo no necesito perdonar hasta que la otra persona pida perdón" fue dentro de un círculo cristiano conservador y me sobrecogió sobremanera, porque la Palabra de Dios es clara cuando dice que la actitud de perdonar es algo que depende exclusivamente del que perdona. Cuando Cristo estuvo en la cruz, nadie estaba pidiéndole perdón. Al contrario, todo el mundo estaba acusándole. Y en aquel lugar, colgado en esa cruz, Cristo supo decir: "Padre, perdónalos porque no saben lo que hacen" (Lucas 23:34). Si alguien dice: "Bueno, es que Dios podía hacer tal cosa", tenemos que recordar el ejemplo de Esteban que, mientras lo estaban apedreando, antes de morir dijo exactamente lo mismo: "Señor, no les tomes en cuenta este pecado, porque no saben lo que hacen". El perdón es algo que queremos otorgar cuando Dios ha formado Su imagen en nosotros; el perdón corresponde con el carácter de Dios, es reflejo de Su bondad y debe ser un reflejo en nosotros de eso que Él es. La Palabra de Dios es clara y nos dice: "Bienaventurados los pacificadores" (Mateo 5:9), los que aman la paz, los que procuran la paz entre Dios y el hombre, pero también entre el hombre y el hombre. Eso es un corazón que desea perdonar. **A la hora de perdonar tengo que recordar que no perdono para que el otro reconozca que hizo mal, que me ofendió o me hirió. Perdono porque ese es el llamado de Dios para mí**. Cuando perdones, recuerda que no estás esperando que el otro cambie, sino que tú vas a cambiar. La primera y más favorecida persona a la hora de ejercitar el perdón es quien lo otorga y no quien lo recibe. Recuerda: tenemos un llamado a reflejar el carácter de Cristo, y si hay algo que Él supo hacer fue extender el perdón, aun cuando los hombres todavía no estaban pidiéndoselo.

Dios es soberano, Satanás no

Basada en Lucas 22:31-32

El movimiento de guerra espiritual ha hecho estragos a múltiples niveles. Y una de las cosas que ha logrado hacer es desviar la atención de la iglesia y del creyente hasta el punto en que ahora Satanás ha ocupado la centralidad del mensaje de la iglesia en muchos círculos. Muchas veces se habla entonces de lo que Satanás te puede hacer, del cuidado que tienes que tener porque Satanás puede engañarte, porque Satanás puede desviarte, porque Satanás puede hacerte perder la vida, porque Satanás puede hacerte perder a tus hijos. Con frecuencia, todo lo negativo que nos ocurre es atribuido a Satanás, y la soberanía de Dios ni siquiera es mencionada. Cuando el Señor Jesús estaba entrenando a Sus discípulos en un momento dado, le comunica a Pedro que Satanás ***había pedido permiso***: "Simón, Simón, Satanás ha pedido permiso para zarandearte". Pero Jesús, inmediatamente después dice: "Yo he rogado por ti para que tu fe no falte" (Lucas 22:31-32). Vemos el mismo ejemplo, la misma ilustración, con Job. En un momento dado, Satanás se aproxima a Dios y le señala que la fidelidad de Job se debe a que Dios lo tiene cercado, lo tiene protegido; entonces Dios quita el cerco y le dice a Satanás: "Tienes ahí a Job, pero no puedes quitarle la vida" (Job 1:12). Puedes ver que, en Su soberanía, Dios ***le da permiso*** a Satanás para hacer con Job como él quiera ***hasta*** cierto punto; y así mismo ocurrió. **Tu futuro, tu destino, tu vida, tu familia, tus hijos, tus posesiones no dependen de Satanás, no están en las manos de Satanás, están en las manos de un Dios soberano que habla y las cosas ocurren, que habla y las cosas son impedidas**. Puedes descansar en la fidelidad y el amor de Dios para contigo; y puedes descansar en la providencia y la soberanía de Dios sobre todo el universo. Satanás, muchas veces, solamente está llevando a cabo aquello que es un propósito de Dios; y Satanás, sin saberlo, contribuye a los propósitos de Dios. Y es así como, en el libro de los Hechos (4:27-28) nosotros leemos que en Jerusalén se juntaron Herodes, Pilato, los romanos, los judíos, y que ellos hicieron todo cuanto había sido ***previamente determinado***. Satanás, haciendo uso de estos hombres, llevó a cabo la crucifixión de Cristo, pero era el plan de Dios la crucifixión del Hijo para el perdón de los pecados. Confía y descansa en la soberanía de nuestro Dios.

La función del Espíritu Santo en el creyente es guiarlo a toda verdad, con lo cual contribuye a su santificación

Basada en Juan 16:13

El Señor Jesús enseñó muchas cosas a Sus discípulos a lo largo de toda Su vida. La noche antes de Su crucifixión, de una manera íntima, pudo enseñar lo que consideró más importante antes de partir, y dedicó mucho tiempo a enseñar acerca del Espíritu Santo. Y si hubo algo que quedó claro para los discípulos fue la función del Espíritu. Por un lado, Jesús les enseñó que el Espíritu vendría y los guiaría a toda Verdad y en Juan 16:13 le llama "el Espíritu de Verdad". El Espíritu de Dios debe iluminar tu mente para que puedas entender las Escrituras. Una vez entendidas las Escrituras, Él aplica lo aprendido a la vida del creyente para su transformación. El Espíritu inspiró la Palabra para luego ayudarnos a entenderla y a vivirla. El fin de toda esa función era y es la creación de la imagen de Cristo en nosotros. Querer usar el Espíritu para tener poder y hacer demostraciones de dicho poder no es algo que puede venir de Dios. **Los siervos de Dios exhiben humildad al obrar y encienden las luces para hacer brillar a Cristo y no a ellos mismos**. Si el Espíritu Santo vino para glorificar al Hijo, nosotros no podemos hacer menos. Pablo enseñó a los corintios que somos transformados de gloria en gloria por medio del Espíritu en la medida en que contemplamos la gloria del Señor (2 Corintios 3:18), y esta es vista en Su Palabra hoy en día. La Palabra de Dios es el instrumento de santificación, pero el Espíritu Santo es el agente de dicha santificación. Nuestro Dios es un Dios Trino: uno en esencia y tres en personas. Y cada uno tiene funciones distintas. No cometas el error de algunos, de exaltar tanto el Espíritu de Dios, que Cristo queda relegado al error de otros que casi entierran la labor de dicho Espíritu. Sé bíblico en tu manera de pensar.

El cristiano necesita más santificación y menos sanación

Basada en Juan 17:17

La mayor parte de la historia de la iglesia habla de la santificación necesaria en el cristiano. A medida que nos acercábamos al comienzo del siglo veintiuno, se comenzó a hablar mucho de sanación en el mundo secular, y de esa misma manera, la iglesia adquirió, hasta cierto punto, un nuevo vocabulario. Y no hay duda de que cada uno de nosotros viene con experiencias del pasado: tiene heridas, tiene memorias y tiene cosas que le han marcado profundamente, pero esas cosas le han marcado y le han llevado por un mundo de pecado que ahora tiene que ser redimido; eso es el proceso de santificación. **La santificación del creyente produce entonces la sanación de la cual muchos hablan. El hombre en su sabiduría no puede hacer lo que la Palabra de Dios no *es capaz* de hacer**. Dios nos dio Su Palabra, y en Su Palabra está el poder cambiar de mente, cambiar de forma de pensar, cambiar de emociones, cambiar de sentimientos, cambiar de afectos, de tal manera que cuando se prosigue una vida de santificación, todas esas cosas que acabo de mencionar van siendo renovadas en el hombre; y la renovación de todas esas cosas es lo que constituye el hombre nuevo. Ese hombre nuevo, entonces, termina en una posición de sanación, como muchos le llaman, pero la forma de perseguir eso no es a través de un proceso secular de psicología que el mundo enseña, sino que es más bien a través de una sabiduría que Dios ha dejado en Su Palabra. Me es imposible pensar que por casi veinte siglos Dios abandonó a Su iglesia respecto a este tema hasta que finalmente, al cierre del siglo veinte, el hombre adquirió un nuevo conocimiento acerca de la mente, acerca de la psicología del ser humano, y que entonces, de repente, la iglesia pudo ahora ser llevada a sanación. Ciertamente, hay cosas que pueden corresponder

CONTINUACIÓN DE LA TESIS #76

a una disfunción de los procesos cerebrales, las cuales requieren la ayuda de personal externo al que la iglesia pudiera poseer. Pero en la enorme mayoría de los casos, la herramienta está en el poder de la Palabra. En la medida en que profundizo en la Palabra de Dios, la Palabra misma va sanando mi memoria, mis heridas, va eliminando el impacto del pasado en el presente para prepararme para el futuro. Y puedo, entonces, confiado en Jesús, el autor y consumador de nuestra fe, avanzar hacia adelante, conociendo que Aquel que comenzó la buena obra en mí, será fiel hasta completarla (ver Filipenses 1:6). ¡Confía en Dios! ¡Confía en el Espíritu que mora en ti! ¡Confía en el poder de Su Palabra! Bien dijo el Señor Jesús en Juan 17:17: "Padre, santifícalos en Tu verdad, Tu Palabra es verdad".

Es mucho más fácil pertenecer a un ministerio, o incluso dirigirlo, que vivir una vida de total sumisión a nuestro Dios

Basada en 1 Samuel 15:22

Dios habló por medio del profeta Samuel después de un acto de desobediencia del rey Saúl y dijo: "El obedecer es mejor que un sacrificio" (1 Samuel 15:22). Desear servir no es lo mismo que amar a Dios. El que ama a Dios le obedece. Así enseñó el Señor: "Si me amáis, obedeced Mis mandamientos" (Juan 14:15). A veces servimos porque tenemos una necesidad de sentirnos útiles. Otras veces servimos porque nos gusta ser centro de atención. En ocasiones servimos a Dios porque eso nos da seguridad de que somos salvos. **Pero lo cierto es que yo puedo servir a Dios y no ser creyente. Los fariseos lo hicieron. Es posible ser parte de un ministerio y mostrar gozo mientras lo llevo a cabo y vivir una vida de total desobediencia delante de los hombres. Mi desobediencia empaña mi servicio**. Mi desobediencia es un mal ejemplo, pero sobre todo cuando esta marca mi servicio. La desobediencia de Adán echó a perder el planeta; la desobediencia de Moisés echó a perder la Tierra prometida y la desobediencia de Saúl echó a perder el reino. En cada uno de esos casos, la desobediencia ocurrió en un solo día, en un corto momento, pero las consecuencias fueron de larga duración. ¡Si hoy escuchas Su voz, no endurezcas tu corazón!

TESIS #78

Lo que le da autoridad a un pastor, no es su oratoria, ni su despliegue de poder, sino el llamado y el respaldo de Dios

Basada en Mateo 7:28-29

Autoridad no es usualmente una palabra atribuida a los falsos maestros porque la autoridad es algo que viene de lo alto. Cuando un dictador habla, él también habla con poder y la gente reconoce ese poder, pero autoridad es otra cosa: la autoridad tiene que ver con respeto; el poder tiene que ver con la fuerza. La autoridad tiene que ver con un dominio de la palabra de Dios. El poder tiene que ver con un dominio sobre los predicados. Lo que le da autoridad a un pastor es la Palabra de Dios y su sumisión a ella. Oratoria no es autoridad; hermenéutica y exégesis no son autoridad; los lenguajes originales no dan autoridad, todas esas cosas son necesarias a la hora de predicar. **La autoridad del predicador radica primordialmente en la Palabra que él maneja y el llamado de Dios para realizar la obra para la cual él fue creado**. El predicador con autoridad fue llamado, salvado y, en su momento, usado. Muchos entienden que su preparación académica les confiere autoridad; otros entienden que su título de profeta, apóstol o aun pastor les confiere autoridad. Pero la autoridad radica primero en la Palabra de Dios, en el llamado de Dios y el respaldo de Dios cuando ese hombre hace todas las cosas para la gloria de su Dios. Recordemos las palabras de Mateo 7:28-29: "Cuando Jesús terminó estas palabras, las multitudes se admiraban de Su enseñanza; porque les enseñaba como uno que tiene autoridad, y no como los escribas".

TESIS #79

Profecías que no se cumplen, como vemos en nuestros días, hacen de la persona que las pronuncia un falso profeta

Basada en Deuteronomio 18:20-22

Siempre me ha sorprendido el número de personas y maestros de la Palabra que caminan por doquier haciendo profecías en nombre del Señor. Pero me sorprende aún más el número de personas que escuchan y creen en dichas profecías. La Palabra de Dios es suficiente para realizar la obra de Dios, y es en esa Palabra donde encontramos las directrices para creer o no creer. En el libro de Deuteronomio, escrito semanas antes de entrar en la Tierra prometida, Dios nos dejó instrucción para saber cómo lidiar con estas falsas profecías. En este libro encontramos las siguientes palabras: "Pero el profeta que hable con presunción en Mi nombre una palabra que Yo no le haya mandado hablar, o que hable en el nombre de otros dioses, ese profeta morirá. Y si dices en tu corazón: '¿Cómo conoceremos la palabra que el Señor no ha hablado?'. Cuando un profeta hable en el nombre del Señor, si la cosa no acontece ni se cumple, esa es palabra que el Señor no ha hablado; con arrogancia la ha hablado el profeta; no tendrás temor de él" (Deuteronomio 18:20-22). **El falso profeta no conoce la Palabra de Dios y, como no la conoce, vive predicando las tonterías de su propia invención**. Lamentablemente, como el corazón del hombre tiene una capacidad extraordinaria para crear falsedades, esas profecías jamás terminan. El llamado es al discernimiento por medio de Su Palabra y por medio del Espíritu Santo que ilumina el entendimiento.

TESIS #80

Siempre han existido falsos maestros porque siempre han existido falsos seguidores que están dispuestos a escucharlos

Basada en Jeremías 5:30-31

Esto que acabo de decir no es nuevo. Dios, a través del profeta Jeremías, nos había advertido de esto: "Algo espantoso y terrible ha sucedido en la tierra: los profetas profetizan falsamente, los sacerdotes gobiernan por su cuenta, y a Mi pueblo así le gusta" (Jeremías 5:30-31). Ya anteriormente el Señor había denunciado al pueblo a través del profeta Isaías en 30:9-10 cuando dijo: "Porque este es un pueblo rebelde, hijos falsos, hijos que no quieren escuchar la instrucción del Señor que dicen a los videntes: No veáis visiones; y a los profetas: No nos profeticéis lo que es recto, decidnos palabras agradables, profetizad ilusiones". Dios hace la observación de que si bien es cierto que los falsos profetas estaban proliferando, no era menos cierto que había un pueblo que no estaba dispuesto a escuchar verdad de parte de ellos, sino que más bien se deleitaba en sus mentiras. Ellos constituían una especie de entretenimiento del oído. Por eso dijo el Señor: "Mis ovejas oyen Mi voz y me siguen" (ver Juan 10:27). **Creo que los falsos maestros han sido permitidos por Dios para que atraigan a los falsos seguidores y que así Su iglesia verdadera pueda estar más llena de ovejas y con menos cabritos**. Recuerda: Dios es soberano, y en el ejercicio de Su soberanía Él ha permitido la existencia de los falsos maestros en medio del pueblo. Pero no tengas la menor duda que las verdaderas ovejas del Señor escucharán Su voz, y no estarán satisfechas con ninguna otra cosa que no sea la dieta de Dios.

TESIS #81

Dios no reconoce celebridades en Su reino, sino siervos

Basada en 1 Corintios 15:10

Muchos han hecho lo indecible para darse a conocer como líderes de renombre; pero hay un solo nombre que tiene que ser conocido, y es el nombre de Jesús. Dios no nos llamó para hacernos famosos, sino para engrandecer Su nombre sobre toda la tierra. Los verdaderos hombres de Dios del pasado no tenían ningún interés en ser conocidos ni tenían el más mínimo deseo de ser una celebridad. La función del predicador es engrandecer el nombre de Cristo a tal altura que él desaparezca del escenario. Muchos aspiran a ser apóstoles y profetas, pero el verdadero siervo prefiere ser conocido como un hombre de Dios. **Solo aquellos que no conocen a Cristo quieren ser conocidos**. Puedes leer la Biblia por años, y aún así, adorar a un Dios muy pequeño. La imagen de un Dios grande nos empequeñece y la imagen de un Dios majestuoso nos hace querer desaparecer. Cuando los hombres te aplaudan, cuídate de pasar el aplauso hacia arriba porque es de allí de donde ha venido la gracia que te ha permitido hacer lo que has hecho. El apóstol Pablo decía a los corintios: "Por la gracia de Dios soy lo que soy, y Su gracia para conmigo no resultó vana; antes bien he trabajado mucho más que todos ellos, aunque no yo, sino la gracia de Dios en mí" (1 Corintios 15:10). Así lo fue en Pablo y así lo es en cada uno de los hijos de Dios. El esfuerzo para que tu nombre se dé a conocer es un esfuerzo vano de ocupar el lugar que solo le corresponde a nuestro Dios. Recuerda, ¿qué tienes que no hayas recibido? Y si lo recibiste, ¿por qué te jactas como si no lo hubieras recibido? Esas son las palabras de Pablo para la iglesia de Corinto a la que nos referimos. Recuerda que Dios te creó y te llamó para Su gloria, y una de las maneras de dar a conocer Su gloria es haciendo famoso Su nombre. Debes empequeñecerte para que Él crezca.

TESIS #82

Cuando el cristiano peca, su problema primario no son los demonios que con frecuencia le persiguen, según algunos, sino su corazón, con el que se levanta y se acuesta

Basada en Jeremías 17:9

Vivimos en la generación de la exoneración donde todo el mundo quisiera encontrar un culpable para explicar su pecado. Somos expertos en racionalizar el pecado nuestro. Pecamos y luego de pecar inventamos una cosmovisión o una teología para justificar nuestro pecado. Decimos que las palabras de Jeremías en 17:9 son ciertas: "Más engañoso que todo es el corazón, y sin remedio; ¿quién lo comprenderá?". Pero parece ser que esas palabras solo son ciertas cuando tienen que ver con el corazón del otro y no con el nuestro. Una y otra vez Jesús nos dijo que de la abundancia del corazón habla la boca y que lo que contamina al hombre es aquello que entra a él. De nosotros sale el pecado: las murmuraciones, las condenaciones que nuestros corazones han fabricado, que nosotros hemos dejado entrar por nuestra mente y que han enfermado nuestro corazón. Satanás puede tentarte, pero tú eres quien peca. **Toda acción pecaminosa es precedida por un pensamiento pecaminoso, y todo pensamiento pecaminoso es precedido por una intención pecaminosa. Mi problema más grande es mi propio corazón; mi peor enemigo lo llevo conmigo todo el tiempo**. Lo único que la vida y las circunstancias hacen es poner de manifiesto la iniquidad del corazón humano. No busques más demonios, hay suficiente iniquidad en tu corazón para comportarte en ocasiones como un verdadero incrédulo. Arrepiéntete y regresa a la cruz.

TESIS #83

Hoy muchos tienen una idea tan distorsionada de la gracia que piensan que como Dios es quien lo hace todo, nosotros no tenemos ninguna responsabilidad en nuestro proceso de santificación

Basada en 1 Corintios 9:26-27

Pensar de esta manera es desconocer la Palabra de Dios. El apóstol Pablo nos anima a correr la carrera cristiana como si fuéramos a ganar un premio, y por eso dijo a los corintios: "Por tanto, yo de esta manera corro, no como sin tener meta; de esta manera peleo, no como dando golpes al aire, sino que golpeo mi cuerpo y lo hago mi esclavo, no sea que habiendo predicado a otros, yo mismo sea descalificado" (1 Corintios 9:26-27). Pablo era consciente de que en nosotros permanecen "pecados remanentes" como han sido llamados, y estos combaten en contra de los deseos del Espíritu de Dios. Esos deseos pecaminosos del cuerpo necesitan ser sometidos y disciplinados o, de lo contrario, terminarán dominando nuestras vidas y llevándonos a ser descalificados. En esa misma carta, el apóstol Pablo nos recuerda que aún las cosas que me son lícitas tienen el potencial de dominarme, y que la meta del cristiano es no dejarse dominar por ninguna de ellas (1 Corintios 6:12). **El cristiano perezoso espiritualmente es un cristiano que con frecuencia sigue siendo atraído y arrastrado por las cosas que el mundo ofrece y que le seducen. Tu vida y la mía no estarán nunca satisfechas si no cambiamos esa forma de vivir**. Como bien decía Jerry Bridges, un gran hombre de Dios que murió en 2016: "La santificación no es el fruto del esfuerzo humano; pero tampoco ocurrirá con simplemente dejar que Cristo viva Su vida a través de mí"[1]. Ocúpate de tu salvación con temor y temblor, que es una forma de decir honra tu salvación con tu vida de obediencia.

TESIS #84

Tenemos una necesidad imperiosa de levantar la imagen pastoral de la iglesia de hoy recordando que el pastor deber ser ejemplo de los creyentes en palabra, conducta, amor, fe y pureza

Basada en 1 Timoteo 4:12

En nuestros días el pastorado muchas veces ha estado en descrédito debido al número de líderes que ha caído a lo largo del camino. Cuando Pablo escribió a Timoteo, este era mucho más joven que Pablo y, por eso, cuando le escribe le dice: "No permitas que nadie menosprecie tu juventud; antes, sé ejemplo de los creyentes en palabra, conducta, amor, fe y pureza" (1 Timoteo 4:12). Timoteo era un hombre joven, pero aún en su juventud Pablo entendió que él debía ser un ejemplo de virtud para las ovejas:

- » *En palabra:* en lo que hablas.
- » *En conducta:* en la manera como te conduces.
- » *En amor:* en tu pasión por Dios, Su obra y Su pueblo.
- » *En fe:* en lo que crees. No contamines tu doctrina.
- » *En pureza:* en lo que ves, oyes, persigues y te deleitas.

Los líderes necesitan ser ejemplo de aquellos que les siguen. No olvides que el ejemplo es algo que se ve más que algo que se oye. Por algo dice Pablo a Timoteo que el pastor, obispo o anciano debe ser irreprensible. Recuerda tu llamado y más aún, recuerda quién te llamó.

Muchos quieren ser usados por Dios, pero pocos hacen el esfuerzo necesario para ser santificados por Él

Basada en 2 Timoteo 2:21-22

Tenemos un deseo innato de que nuestras vidas cuenten; de vivir vidas con propósito y significado. Eso nos lleva a querer servir tan pronto entramos al reino de Dios. Lamentablemente, no vemos la misma pasión por servir en la santificación del creyente. Queremos servir en el reino de los cielos siempre y cuando podamos hacerlo con un pie en la vida anterior y un pie en la nueva vida. El requisito para ser usado en el reino de Dios es santidad. Escucha al apóstol Pablo, instruyendo a su discípulo Timoteo en 2 Timoteo 2:21-22: "Por tanto, si alguno se limpia de estas cosas [refiriéndose a las cosas pecaminosas], será un vaso para honra, santificado, útil para el Señor, preparado para toda buena obra. Huye, pues, de las pasiones juveniles, y sigue la justicia, la fe, el amor y la paz, con los que invocan al Señor con un corazón puro". Nota cómo Pablo relaciona la frase "limpiarse de estas cosas" con la frase "útil para el Señor" para hablar de la santificación. Si quieres ser usado por el Señor, comienza por limpiarte de las iniquidades de la carne. No las justifiques, no las niegues, no las relegues a un segundo plano y no asumas solamente que Dios te ama así como eres, porque la realidad es que **Dios te ama tanto que ha propuesto no dejarte como eres. Dios tiene más interés que nosotros en usarnos, pero no sin limpiarnos**. Dios es como el cirujano que está ansioso por operar a un paciente en su condición crítica, pero no sin antes limpiar la piel debidamente. Que Dios me use y que me santifique son acciones que van de la mano. La santidad debe preceder el uso del vaso, de la misma manera que la limpieza de los utensilios del cirujano debe preceder su uso en la cirugía. Preocúpate por tu vida de santidad, Dios se ocupará de usarte.

TESIS #86

El tamaño de nuestras iglesias no determina cuán complacido está Dios con nosotros

Basada en 1 Samuel 16:7

Nuestra generación ha sabido utilizar las técnicas de mercadeo de una manera extraordinaria haciéndonos creer que el verdadero éxito depende de la mercadología que hagas. Y eso puede ser así en el mundo de los hombres, pero nunca ha funcionado en el reino de Dios. Muchas iglesias han crecido fruto de la mercadología, pero no fruto de la predicación. **Tú puedes crear a una celebridad de la noche a la mañana, pero no puedes crear un hombre de Dios de la misma manera. Dios forma a Sus hombres en el calor de la batalla; bajo mucha presión y por mucho tiempo**. Así es como Dios prueba y forma a los suyos. Nosotros preferimos lo que brilla, lo que es grande, y asumimos que mientras más grande es una iglesia o un ministerio, mejor es. Pero no olvidemos las palabras de Dios a Samuel refiriéndose a David: "No mires a su apariencia, ni a lo alto de su estatura, porque lo he desechado; pues Dios ve no como el hombre ve, pues el hombre mira la apariencia exterior, pero el Señor mira el corazón" (1 Samuel 16:7). Así ocurre con cada una de nuestras vidas y con cada una de nuestras iglesias. Sin embargo, no siempre lo mejor y lo mayor es una bendición. Eso lo vemos en las palabras de Jesús cuando dijo: "Muchos son los llamados y pocos los escogidos" (ver Mateo 22:14). O cuando dijo: "Porque estrecha es la puerta y angosta la senda que lleva a la vida, y pocos son los que la hallan" (Mateo 7:14). Mira hacia adentro antes de mirar a tu alrededor, porque es tu corazón lo que Dios evaluará, y no tu apariencia.

TESIS #87

Dios no mide el éxito por la fama del nombre del pastor ni de la iglesia. La manera como Dios mide el éxito es fidelidad a Su Palabra y a Su llamado

Basada en Josué 1:8-9

Múltiples líderes y pastores ***han fracasado al tener éxito***. Es como una gran paradoja. Triunfaste y, al mismo tiempo, el triunfo fue tu derrota. **Para nosotros, el éxito es ser conocido; para Dios, el éxito es ser fiel. Para nosotros, el éxito representa grandes ofrendas; para Dios, el éxito representa grandes sacrificios**. El hombre prefiere la teología de la gloria que evita el dolor y el sufrimiento, que busca la superación personal que prefiere la gloria antes que la cruz. Como decía Lutero, el teólogo de la gloria no conoce al Dios escondido detrás del sufrimiento. Lutero prefirió ser un teólogo de la cruz, alguien que prefiere estar con sus fuerzas agotadas para entonces clamar a Dios y encontrar su fortaleza en Él.[2] De ese Dios, nuestra generación no quiere saber. Recuerda, en el reino de los cielos el éxito no es ser conocido, sino dar a conocer Su reino; no es ser famoso, sino fiel. Dios lo definió de esta forma para Josué: "Este libro de la ley no se apartará de tu boca, sino que meditarás en él día y noche, para que cuides de hacer todo lo que en él está escrito; porque entonces harás prosperar tu camino y tendrás éxito. ¿No te lo he ordenado Yo? ¡Sé fuerte y valiente! No temas ni te acobardes, porque el Señor tu Dios estará contigo dondequiera que vayas" (Josué 1:8-9). Obediencia es la definición de éxito en el reino de los cielos; si no lo crees, regresa a Getsemaní y sigue hacia la cruz; esos dos eventos definen el verdadero éxito para el cristiano.

En la iglesia de hoy, muchos predicadores se avergüenzan de la cruz y no la predican por temor a ofender a los hombres

Basada en 1 Corintios 2:2

En la iglesia de los siglos veinte y veintiuno, muchos han decidido no hablar de la cruz de Cristo ni mucho menos de nuestra cruz, la cual debemos tomar cada día. Más bien, así prefieren hablar de parar de sufrir. **La cruz de Cristo está en el centro del mensaje del evangelio. Si hubo algo que la Reforma hizo fue rescatar el evangelio de manos de aquellos que lo habían pervertido**. La cruz de Cristo fue necesaria porque Adán arruinó la creación de una manera radical y generalizada. Y una depravación radical requiere una redención también radical. El predicador que deja fuera la cruz ofende la santidad de Dios. El predicador que no predica la cruz no tiene gratitud por lo que Cristo hizo por nosotros. El predicador que esconde la cruz esconde el amor de Dios. El predicador que deja fuera la cruz oculta la justicia santa de nuestro Dios. El predicador que deja fuera la cruz no tiene valoración por la gracia de Dios. El predicador que deja fuera la cruz deshonra al Hijo y ofende al Padre. El apóstol Pablo escribió a los corintios diciéndoles: "Pues nada me propuse saber entre vosotros, excepto a Jesucristo, y Este crucificado" (1 Corintios 2:2). Por todo lo anterior, el evangelio de la cruz es nuestro mensaje y ningún otro.

TESIS #89

La apostasía de nuestros días se debe a una distorsión del evangelio

Basada en Gálatas 1:6-7

La distorsión del evangelio no es algo nuevo porque el trabajo del enemigo en contra de la iglesia de Cristo no se ha detenido desde el primer día. En Galacia, se estaba predicando otro evangelio (ver Gálatas 1). En Corinto, algunos estaban comerciando con la Palabra de Dios (2 Corintios 2:17). En Colosas, algunos enseñaban filosofías de hombres (Colosenses 2:8). En Filipos, algunos eran enemigos de la cruz (Filipenses 3:8). De manera que la predicación del evangelio siempre ha tenido que batallar en contra de las falsas enseñanzas e influencias. Sin embargo, no hay otro evangelio, como dijo Pablo a los gálatas. Ellos, habiendo comenzado por la gracia de Dios, se volvieron a las obras de la ley, y Pablo quedó atónito. Cuando la iglesia pierde el evangelio, pierde todo su poder. El evangelio es el poder para la salvación de todo aquel que cree. Un evangelio diluido no es el evangelio; un evangelio centrado en el hombre no es el evangelio; un evangelio que se reduce a invitar a Cristo al corazón no es el evangelio. La iglesia solo es una verdadera iglesia cuando predica el evangelio. El evangelio es el mensaje de salvación que proclama que Cristo cumplió la ley, que luego murió en tu lugar para pagar por tu pecado y resucitó al tercer día venciendo el pecado y la muerte. Y hoy, ese Cristo reina a la diestra del Padre. **Ay del predicador que no predica el evangelio**.

TESIS #90

Si la iglesia de nuestros días quiere ser relevante, necesita recobrar el evangelio porque el poder de Dios radica en dicho mensaje y en ningún otro

Basada en Romanos 1:16

Cuando Lutero llegó a entender el valor del evangelio, experimentó un gran gozo y dijo: "Finalmente, meditando día y noche por la misericordia de Dios, comencé a entender que la justicia de Dios es aquella a través de la cual el justo vive como un regalo de Dios por fe [...] con esto me sentí como si hubiera nacido de nuevo por completo y hubiera entrado al paraíso mismo a través de las puertas que habían sido abiertas ampliamente".[3] **En un solo día, a través del entendimiento de un solo pasaje, la vida de Lutero cambió profundamente. Lutero fue cambiado y el mundo fue cambiado por Lutero, y este mensaje del evangelio fue lo que cambió al mundo**. Pablo y Lutero trastornaron y cambiaron el mundo por medio del evangelio. Pablo, cambiado de perseguidor a perseguido por medio del evangelio, pudo escribir en Romanos 1:16 que el evangelio es el poder de Dios para salvación. Lutero, cambiado de acusado por su propia conciencia a libertado por medio del poder del evangelio, llevó ese mismo evangelio que cambió la cara de Europa posterior a la Reforma. Y ese es el mismo evangelio que puede cambiar tu vida, tu familia, tu nación y todo un continente. El evangelio es el poder de Dios en acción. Ningún otro mensaje es capaz de transformar el hombre porque ningún otro mensaje cuenta con el poder del Dios que nos dio el evangelio.

Al predicador de nuestros días le hace falta convicción para predicar solo la palabra de Dios y le hace falta valor para descansar solo en el poder de las Escrituras y en el poder de Dios

Basada en Marcos 7:13

En la época de Martín Lutero, la Iglesia de Roma invalidaba las Escrituras siguiendo las tradiciones de los hombres, y eso ha continuado. Pero la iglesia evangélica de hoy invalida las mismas Escrituras por sus propias invenciones. Eso no es nuevo. Jesús dijo lo mismo de los fariseos en Marcos 7:13: "Invalidando así la palabra de Dios por vuestra tradición, la cual habéis transmitido, y hacéis muchas cosas semejantes a estas". Necesitamos líderes capaces de repetir otra vez las palabras de Lutero: "Yo no puedo someter mi fe al papa o a los concilios porque está tan claro como el día que ellos han errado continuamente y se han contradicho a sí mismos. **A menos que sea convencido por el testimonio de las Escrituras o por razones evidentes, me mantengo firme en las Escrituras por mí adoptadas. Mi conciencia es prisionera de la Palabra de Dios**, y no puedo ni quiero revocar ninguna, viendo que no es seguro o justo actuar contra la conciencia. Que Dios me ayude. Amén".[4] El predicador de hoy no cree en la inspiración divina de las Escrituras y por eso le añade su propia invención a la revelación de Dios. No cree en la suficiencia de las Escrituras y por eso recurre al pragmatismo de nuestros días. No cree en la autoridad de las Escrituras y por eso, para él, la Biblia no tiene la última palabra, sino que él es la última autoridad. La Biblia es la "autoridad final o la corte de última apelación en todo lo que afirma".[5]

¡Nuestra fe está anclada en la Sola Scriptura!

TESIS #92

La salvación es por gracia y así mismo es nuestra perseverancia

Basada en Efesios 2:8-9 y Filipenses 1:6

Muchos afirman la salvación por gracia como vemos en Efesios 2:8-9, pero luego tratan de mantener por obras lo que les fue dado por la gracia de Dios solamente. **El pastor que no conoce el poder de la gracia de Dios trata de mantener a sus ovejas en obediencia amedrentándolas con la idea de que podrían perder su salvación si Cristo viniera hoy**. Este pastor dice: "Si Cristo te entregó una salvación sin la participación de las obras de la ley cuando aún era tu enemigo, porque crees que ahora que eres Su hijo, Él te exigirá la ley para poder mantener tu salvación". Pero el apóstol Pablo enseñó a los filipenses que "Aquel que comenzó en vosotros la buena obra, la perfeccionará hasta el día de Cristo Jesús" (Filipenses 1:6). El Señor Jesús nos enseñó que estamos en las manos del Padre, que el Padre es más grande que todos y que por tanto nadie nos podrá arrebatar de dichas manos. Nada, absolutamente nada, nos podrá separar del amor de Dios, "ni la muerte, ni la vida, ni ángeles, ni principados, ni lo presente, ni lo por venir, ni los poderes, ni lo alto, ni lo profundo, ni ninguna otra cosa creada nos podrá separar del amor de Dios que es en Cristo Jesús Señor nuestro" (Romanos 8:37-39). Todo esto es solo la obra de la gracia de Dios. Nuestra perseverancia solo habla de la gracia de nuestro Dios. La salvación solo por gracia tiene que ser predicada en cada púlpito que quiera honrar la muerte de Cristo.

¡Salvación solo por gracia!

Muchos dicen tener salvación porque tienen fe en Dios, pero sus vidas no reflejan el carácter de Cristo

Basada en Santiago 2:18

Es posible predicar la Palabra por años y aun así no tener salvación. Podemos predicar en nombre de Cristo, podemos hacer supuestos milagros en nombre de Cristo y podemos echar supuestos demonios en nombre de Cristo, y aún no tener salvación. Esas fueron las advertencias de Jesús en Mateo 7:21-23. Ciertamente la salvación es solo a través de la fe sin la participación de las obras; pero como bien enseñó Santiago: "Tú tienes fe y yo tengo obras. Muéstrame tu fe sin las obras, y yo te mostraré mi fe por mis obras" (ver Santiago 2:18) La fe sin obras está muerta. Las obras no contribuyen a tu salvación, pero son las evidencias de que eres salvo. Cristo dijo: "Por sus frutos los conoceréis" (ver Mateo 7:16-20). Pensar que el Espíritu de Dios mora en el interior de una persona, y que esa persona no exhibe cambios después de años de su conversión, es una contradicción. Dios nos eligió para formar la imagen de Su Hijo en nosotros, y desde el día número uno de nuestra conversión se ha propuesto tallar la imagen de Su Hijo en nosotros los cristianos. Tener salvación no es simplemente creer en Cristo, porque los demonios creen y tiemblan (ver Santiago 2:19). **Tener salvación es depositar tu fe en Él de tal manera que tu vida muestra el cambio de dicha fe**. Salvación solo por fe y no por obras fue el grito de batalla de Martín Lutero y otros reformadores.

¡Salvación solo por fe!

Todos los caminos terminarán ante el tribunal de Cristo para dar cuentas de todo cuanto hayas hecho, sea bueno o sea malo

Basada en 2 Corintios 5:10 y Juan 14:6

Muchos afirman que todos los caminos llevan a Dios y, en cierta manera, quisiera decir que eso es cierto, pero no por la razón que ellos están pensando. Todos los caminos conducirán tarde o temprano al tribunal de Cristo, pero la pregunta es cuál camino termina en Dios o cuál llega por Su trono de juicio y concluye en el infierno. Cristo dijo: "Yo soy el camino, la verdad y la vida, nadie viene al Padre, sino por Mí" (Juan 14:6). Con esto el Señor revelaba que la salvación es solo en Cristo. Sin embargo, muchos hoy enseñan que todas las religiones llevan a Dios, y otros enseñan que como Cristo pagó por los pecados de la humanidad, los hombres pueden ser salvos por medio de otros intermediarios. En otras palabras, enseñan que el sacrificio de Cristo hizo posible que Dios use hoy otros líderes religiosos, en otras religiones, para traer salvación al hombre. Eso es contrario a todo lo que la Biblia enseña. De manera clara leemos en Hechos 4:12 que no hay otro nombre debajo del cielo por medio del cual podamos ser salvos. **Vamos a la gloria con Cristo o vamos a la perdición sin Él. Esa es la verdad brutal. Cristo es la verdad que tienes que creer; Él es el camino que tienes que trillar y en Él está la vida de los hombres**. No es Cristo más las obras, como afirma Roma, ni Cristo sin Su divinidad, como afirman los Testigos de Jehová y los mormones, ni salvación a través de otros intermediarios, sino salvación solo en Cristo.

¡Solo en Cristo!

Fuimos creados para constituirnos en "espejos humanos" que reflejen la gloria de Dios por toda la tierra y, en última instancia, por todo el universo

Basada en Salmo 115:1

Hoy en día no se oye hablar mucho en los púlpitos acerca de la gloria de Dios. Pero como bien dice David Wells, la gloria de Dios ha partido de la mente y del corazón de muchos creyentes. Wells habla de que al Dios de la iglesia de hoy le hace falta peso. Dicho de otra manera, la iglesia hoy en día predica un Dios pequeño, liviano, que no condena ni sorprende a nadie... un Dios sin gloria. En los púlpitos de nuestros tiempos, los predicadores lucen grandes y Dios pequeño. Parecería que Dios creó al hombre porque está aburrido y cansado de estar solo y se hizo para sí mismo un compañero. Richard Niebuhr en su libro ***El reino de Dios en Estados Unidos***, lo dijo de esta manera: "El liberalismo es culpable de la predicación de un Dios sin ira que llevó a hombres sin pecado a un reino sin juicio a través de la ministración de un Cristo sin cruz". **¡No! Dios te salvó a través de la cruz de Cristo para Su gloria; para que vivas Su gloria, para que proclames Su gloria, para que reflejes Su gloria, para la alabanza de Su gloria**. Porque en esas cosas está tu gozo y tu satisfacción. El Padre te eligió. El Hijo te justificó. El Espíritu te santificó. Por eso el salmista dice en el salmo 115:1: "No a nosotros, no a nosotros, que a Tu nombre sea dada la gloria". Fuimos predestinados para la alabanza de Su gloria, dice Pablo a los Efesios en 1:12. Ciertamente de Él, por Él y para Él son todas las cosas. A Él sea la gloria para siempre. ¡Amén!

¡Soli Deo gloria!

CONCLUSIÓN

Latinoamérica ha entrado en un nuevo tiempo de revisión de muchas doctrinas bíblicas mal o poco entendidas. Si esto es cierto, y creemos que lo es porque lo podemos ver al viajar por varias regiones, es algo que Dios está haciendo. El viento de Dios ha comenzado a soplar de manera favorable en nuestra generación y a nuestra dirección. Eso por sí solo es una gran bendición. Apenas estamos viendo el comienzo de algo que, creemos, será poderoso en Cristo Jesús. Nos queda por delante enfrentar muchas luchas y oposición de todas partes: del reino de las tinieblas, de falsos maestros, de incrédulos y aún de creyentes que no han entendido que atacar a su propio hermano es atacar al Reino de los cielos. El apóstol Pablo nos advertía: "Pero si os mordéis y os devoráis unos a otros, tened cuidado, no sea que os consumáis unos a otros" (Gálatas 5:15). Algunos hermanos han abrazado el evangelio y han nacido de nuevo, pero no han entendido las doctrinas de la gracia. Es nuestro rol orar para que Dios les dé iluminación y puedan llegar a entender más cabalmente Su revelación. Otros han entendido estas poderosas doctrinas y proclaman la salvación por gracia para la gloria de Dios, pero luego no tienen gracia con los demás, deshonrando de esta manera a Dios.

Estoy completamente convencido de la doctrina de la Sola Escritura. Para una buena práctica de la fe cristiana, necesitamos un buen conocimiento de la revelación de Dios. En nuestra región, una gran cantidad de personas que profesan la fe cristiana afirman que la Biblia es la Palabra de Dios y que por consiguiente es infalible e inerrante. Sin embargo, muchas de ellas han abrazado múltiples revelaciones extrabíblicas de ideas no encontradas en la Palabra de Dios y, peor aún, muchas veces contrarias a ella. Creo que aún falta entender mucho la doctrina de la Sola Escritura. En términos sencillos, esta frase implica que toda enseñanza contraria a la Palabra debe ser desechada, porque todo lo contrario a lo que Dios ha revelado es por definición mentira, y la mentira es lo que hunde al ser humano en un mundo de perdición. Dios inspiró lo que hoy conocemos como la Biblia. "Toda Escritura es inspirada por Dios" (2 Timoteo 3:16), sin excepción. Por tanto, ninguna otra enseñanza puede tener la misma autoridad que lo que ha salido de Dios. Debido a que la Biblia fue inspirada por Dios, ella es completamente autoritativa y suficiente para que el ser humano pueda vivir una vida de piedad y pueda ser llevado desde la salvación hasta la glorificación. Las doctrinas de inspiración, inerrancia, suficiencia y finalización del canon forman una sola unidad. Si remueves un solo de esos bloques, todo el edificio se viene abajo.

Emprendamos la lucha por la expansión del Reino de los cielos en nuestra región. Proclamemos el evangelio como la Palabra lo revela, hasta verlo rescatado de cada iglesia apóstata y de cada púlpito desviado. Que Su palabra ciertamente sea el centro de la vida de la iglesia. Prediquemos y enseñemos de tal manera que cada creyente pueda servir a un Dios alto y sublime, para que la vida de Sus hijos pueda ser verdaderamente teocéntrica (centrada solamente en Dios). Él es quien escribe cada historia antes de que ocurra. Nosotros solo registramos lo que Él ha determinado, y lo hacemos después de verlo realizado. Él, en cambio, declara el fin desde el principio (Isaías 46:10). Un Dios grande nos hará servirle en reverencia, en obediencia por amor y en sumisión en gratitud y reconocimiento por lo que es.

Estos son tiempos para hombres que estén dispuestos a continuar aún después de haber visto la amistad ***traicionada***, el honor ***vendido***, la verdad ***cambiada***, la gloria de Dios ***trivializada*** y Su palabra ***comercializada***, y que aún después de esto, estén dispuestos a decir:

- ***Antes*** herido por Su causa ***que*** silenciado por temor.
- ***Antes*** pobre por mi integridad ***que*** comprado por dinero.
- ***Antes*** rechazado por vivir Su verdad ***que*** ser popular.
- ***Antes*** conducido al arrepentimiento ***que*** permanecer orgulloso.
- ***Antes*** muerto ***que*** negar Su nombre, evangelio, causa y gloria.

CONTINUACIÓN DE LA CONCLUSIÓN

Rechaza todo lo que no sea conforme a la ***Sola Escritura***; proclama la salvación por ***gracia solamente***, pero no creas que esta gracia es solamente para ti. No olvides de extenderla a otros. Defiende la doctrina de la ***justificación por la fe***, pero recuerda que un hombre de Dios es rico en obras y frutos que dan testimonio de su fe. Afirma hasta las últimas consecuencias que no hay otro nombre debajo del cielo, por medio del cual podamos ser salvos (Hechos 4:12), con lo cual estarías afirmando la doctrina de ***Solo Cristo***. Y haz todo esto ***para la gloria de Dios solamente***.

NOTAS DE TEXTO

1. **Tesis #83.** Justin Taylor, ***Jerry Bridges (1926 - 2016)*** (The Gospel Coalition, 6 de marzo de 2016, URL: https://blogs.thegospelcoalition.org/justintaylor/2016/03/06/jerry-bridges-1929-2016), recuperado el 24 de julio de 2017.
2. **Tesis #87.** Ver Martín Lutero, ***La disputación de Heidelberg*** (obra disponible en español vía electrónica, 29 de diciembre de 2006, URL: www.iglesiareformada.com/Lutero_La_Disputacion_de_Heidelberg.doc; formato de libre distribución), tesis 19-22, recuperado el 24 de julio de 2017.
3. **Tesis #90.** ***The Legacy of Luther [El legado de Lutero]***, eds. R.C. Sproul & Stephen J. Nichols (Orlando: Reformation Trust Publishing - Ligonier, 2016), 28.
4. **Tesis #91.** Roland H. Bainton, ***The Reformation of the Sixteenth Century [La Reforma del Siglo Dieciséis]*** (Boston: Beacon Press, 1952), 60-61.
5. **Tesis #91.** Norman Geisler, "The Origin and Inspiration of the Bible" ["El origen y la inspiración de la Biblia"], en ***Systematic Theology [Teología Sistemática]***, Vol. 1 (Minneapolis: Bethany House Publishers, 2002), 240.